일억 빠는 음식점 일억 날리는 음식점

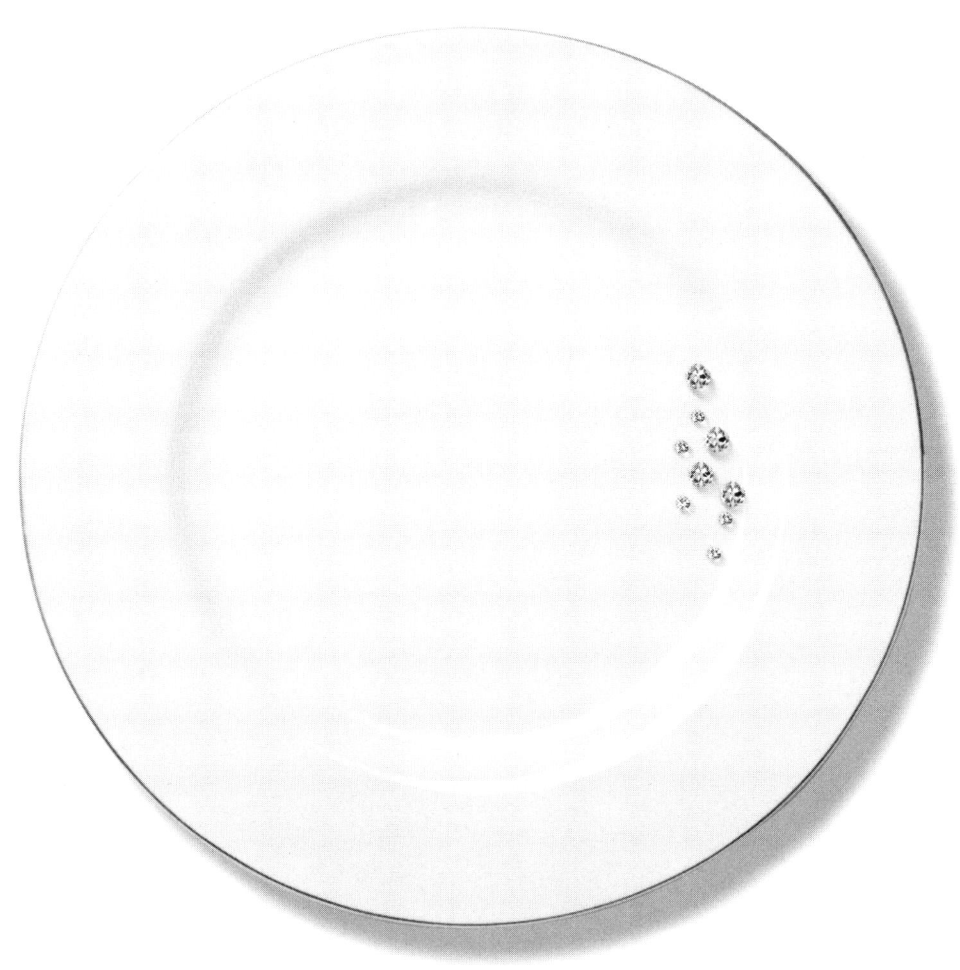

2001

일어 버는 음식점, 일어 날리는 음식점

2000년 4월 30일 초판 1쇄 발행
2004년 4월 10일 초판 4쇄 발행

저자 / 이상화 · 김철호
발행자 / 박홍주
발행처 / 도서출판 푸른솔
편집부 / 715-2493
영업부 / 704-2571~2
팩스 / 3273-4649
디자인 / 여백
주소 / 서울시 마포구 도화동 251-1 근신빌딩 별관 302호
등록번호 / 제 1-825
값 10,000원
ISBN 89-86804-37-9

일억 버는 음식점 일억 날리는 음식점

초보 창업자도 1년에 1억 버는 성공 노하우

푸른솔

알면 성공하고 모르면 실패한다!

1년에 1억버는 성공 노하우

차별화 전략이 성공의 지름길
음식점 창업과 운영의 성공 포인트

시름시름 앓는 음식점 어떻게 되살릴까?

음식점 영업의 활성화 전략

전문음식점 실전 창업전략

이미 입증된 성공 전략

알면 성공하고 모르면 실패한다!

1년에 1억버는 성공 노하우

1. 음식점 창업, 알면 1억 벌고 모르면 1억 날린다!

우리는 음식장사로 떼돈을 벌었다는 사람을 주변에서 종종 본다. 소위 '자루로 돈을 긁어모으네, 1년도 안 돼서 집 한 채 샀네' 하는 사례들 말이다. 실제로 그 음식점에 가서 기다리고 있는 손님들을 보면 집 한 채 살 정도가 아니라 빌딩을 한 채 살 정도로 돈을 긁어모은다. 1억을 투자하여 30평 매장의 칼국수집을 차린 사장은 하루에 칼국수 200그릇, 만두 100인분 등으로 약 150만원의 매출을 올린다. 하루 순수익은 50만원, 한 달이면 1,500만원이고 1년으로 계산하면 연 1억 8천 만원의 돈을 긁어모은다.

이와 반대로 있는 돈 없는 돈 다 끌어모아 2억 5천 만원을 투자한 설렁탕집을 보자. 보증금 7천 만원, 권리금 1억, 시설비 포함하여 2억 5천 만원을 투자했지만 개업 3개월째인데도 임대료도 못 내고 있는 실정에, 장사는 안 되고 월 임대료 6백 만원에 인건비 1,500만원을 앉아서 까먹는다. 결국 3개월 지나서 처분했지만 권리금 7천 만원에 시설비는 전혀 인정받지 못했다. 새 주인이 전혀 다른 업종을 하기 때문이었다. 적자 금액까지 계산하면 창업부터 처분 시점까지 4개월 만에 1억 4천 만원을 날린 셈이다.

이 음식점의 사장처럼 음식점 차렸다가 실패한 경우가 제법 있다. 정확한 통계는 뽑을 수는 없지만 한 해 55만개의 음식점 중 12만개 정도는 음식점의 주인이 바뀐다고 한다. 약 20% 정도가 실패하는 것이다.

이처럼 음식장사로 연 1억을 버는 사람이 있는 반면에 1억을 날리는 사람이 있다. 왜 그럴까? 1년에 1억을 버는 음식점을 들여다보면 나름대로의 노하우가 있다. 이 노하우를 알면 1년에 1억 이상을 벌 수 있지만, 모르면 1억을 날릴 수도 있다. 다음의 사례들은 음식장사로 성공한 사람들의 이야기이다. 모두 어떻게 창업을 해야 할지, 또는 어떻게 매출을 올려야 할지 똑같은 고민을 하던 사람들이었지만, 남들보다 앞선 차별화로 성공하였다. 이들의 성공 노하우를 분석하고 응용하다 보면 1년에 1억이 아니라 7~8억도 벌 수 있는 음식점을 경영할 수 있을 것이다.

적절한 메뉴 전략으로 성공한 '시골집' 손칼국수

시골집은 칼국수 전문점으로 하루 120~130만원의 매출을 올린다. 이 정도의 판매 금액이라면 월 순수익이 1천 만원, 1년이면 1억 2천 만원 정도를 번다. 25평 정도 규모에서 본다면 대단한 성공이다. 이 시골 손칼국수집은 하루 50~60만원의 매상을 올리던 집이었다.

종로 2가 국세청 건물 뒤 먹자골목에 자리잡고 있는 이 집은 점심에는 정신없이 바쁘지만 저녁에는 썰렁한 것이 문제였다. 퇴근 길목이라

대형 오피스가의 퇴근길목에 자리잡고 있었으나, 손칼국수 전문점이라는 이유로 저녁 술손님이 없었다. 이 집은 칼국수에 어울리는 저녁메뉴의 도입과 함께 '시골 손칼국수'에서 '시골집'으로 상호를 바꾸어 칼국수집으로서의 전통을 유지하면서 새로운 저녁 술손님을 유치하는 데 성공하였다.

주위의 고깃집, 횟집은 저녁에도 손님들로 빈 자리가 없었지만 이 집만은 항상 한가했다. 그렇다고 칼국수집에서 남들이 다 하는 생고기 메뉴를 넣을 수도 없어 이만저만 고민이 아니었다. 이런 상황에서 칼국수 전문점에 어울리는 저녁 메뉴, 주위 음식점과 차별되는 매콤한 메뉴를 새롭게 도입하고, 이 메뉴가 고객의 머릿속에 인식될 수 있도록 상호와 간판, 인테리어 등을 교체했다.

메뉴는 술과 함께 즐길 수 있는 두부 두루치기, 낙지볶음, 오징어 보쌈을 추가하였고, 편안하게 술을 마실 수 있도록 좌석배치와 인테리어로 전체 분위기를 바꾸었다. 상호도 추가된 메뉴가 무리 없이 고객들에게 받아들여지도록 '시골 손칼국수'에서 '시골집'으로 약간의 변화만을 주었다. 결과는 죽었던 저녁 장사가 살아나 기존의 매출액보다 2배 이상 올랐다. 저녁 메뉴의 성공적인 도입으로 시골집 사장은 1년에 1억을 넘게 벌고 있다.

맛을 직접 배워 성공한 '돈&까' 돈까스 전문점

무역회사의 차장으로 근무하던 중 해외 발령이 떨어져 음식점을 하게 된 케이스. 일찍이 홀로 되신 어머님을 두고 떠날 수 없다는 생각에 과감히 사표를 제출하고 음식장사로 새롭게 출발했다. 하지만 요리라면 주말에 재미삼아 만든 것이 전부이고 장사란 해본 적도 없는 왕초보였다. 고민 끝에 컨설팅회사에서 맛을 전수받고 전문컨설턴트의 도움을 받

사장이 주방장이 되어야 인건비도 절약하고 맛도 관리할 수 있다는 생각으로 직접 요리를 배워 성공한 사례. 소규모 점포의 창업자들이 눈여겨볼 만하다.

아 창업했다. 소규모 점포인 만큼 주방장 사장이 되어야 인건비도 절감하고 맛도 관리할 수 있음을 깨닫고 직접 맛내는 방법을 배운 것이다.

삼성동 코엑스 건너편 한전 뒤의 오피스가에 위치한 이 가게는 다른 일식 돈까스 전문점보다 입지가 떨어지는 불리한 여건임에도 하루에 50~70만원의 매출을 올리고 있다. 어떻게 하면 손님들이 웃으며 식사할 수 있을까 하는 고민으로 친절 서비스를 철저하게 지켰다. 식당경영 전문서적도 빠짐없이 읽었으며, 1주일에 2~3개씩 신곡 테이프를 들으며 손님들에게 들려줄 음악을 직접 선곡하고, 매일 넥타이와 셔츠를 갈아입는 등 남다른 노력을 기울였다. 덕분에 이 음식점 사장은 점포까지 포함 총 6천 만원의 투자비용으로 월 4~5백 만원, 1년에 약 5천 만원 이상의 순수익을 올리고 있다.

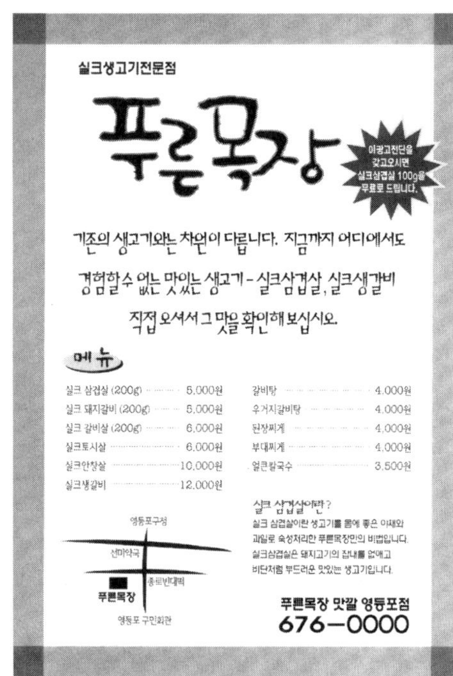

노하우가 없으면 성공도 없다, '푸른목장' 실크 삼겹살 전문점

"노하우가 없는 업종은 창업하지 않는 게 좋습니다. 반드시 나만이 할 수 있는 차별화된 맛을 가지고 시작하는 것이 성공의 지름길입니다." 영등포구청 건너편 먹자골목에 '푸른목장'이라는 '실크 삼겹살' 전문점이 있다. 독특한 생고깃집을 운영하는 진경숙 사장의 조언은 뼈아픈 경험에서 나온 것이다.

'독특한 노하우가 없으면 성공할 수 없다.' 먹자골목에 입지하고 있어 다른 집과는 차별화된 메뉴의 도입으로 성공한 사례. 삼겹살을 과일과 야채로 숙성시켜 돼지고기의 냄새를 없애고, 10가지 야채로 만든 소스에 푹 담가 먹게 한 방법이 주 성공요인이다.

진 사장은 98년 다니던 직장을 그만두고 경험도 없이 식당을 창업했다. 경험이 없다 보니 체인점을 선택했고 인테리어 비용에만 7,000만원이나 들었다. 장사가 그런대로 됐지만 초기 투자비용도 만만치 않았고, 6개월 동안 매달 인건비 3~4백 만원씩 지출되자 적자가 누적되기만 했다. 결국 4천 만원 정도 손해를 보고 장사를 그만둬야 했다.

재창업을 결심하고 실패 이유를 분석해 보니 무엇보다 특별한 기술이나 노하우가 없이 시작했다는 점이었다. '남들이 잘 되니까 나도 잘 되겠지' 라는 안일한 생각으로 결코 성공할 수 없다는 값진 교훈을 얻었다는 진 사장은 그 후로 특별한 맛을 찾기 위해 노력했다. 사람들이 즐겨 찾는 대중적인 메뉴이면서도 다른 식당에서 쉽게 따라할 수 없는 맛의 비법을 찾자는 것이었다.

그때 진 사장의 눈을 번쩍 뜨이게 하는 메뉴가 '실크 삼겹살' 이었고, 삼겹살을 과일과 야채로 숙성시켜 돼지고기의 냄새를 없애고 부드럽게 처리하자 감칠맛이 났다. 또한 소금이나 쌈장을 찍어 먹는 것이 아니라 야채 10가지로 만든 독특한 소스에 푹 담가 먹는 새로운 요리였다. 진 사장 부부는 컨설팅회사에서 맛의 비법을 전수받았고 웬만큼 자신이 서자 다시 창업을 했다. "처음에는 불안한 마음이 앞섰습니다. 하지만 실크 삼겹살과 독특한 소스에 대한 손님들의 반응은 대단했습니다." 진 사장은 맛에 대한 자신감과 지금의 성공을 바탕으로 대형 매장을 목표로 새로운 맛에 대한 연구를 게을리하지 않고 있다. 15평 매장에서 하루 50~70만원씩 팔고 있으니 5천만원이 넘지 않는 총 창업비용으로 연 6천만원 이상의 수익을 올리고 있다.

이익이 적어도 많이 팔자, '온달치킨'

"식당업에 뛰어든 지 20여 년이 흐른 지금에서야 장사가 무엇인지 알았습니다." 아무리 작은 장사라도 뚜렷한 경영철학을 가지고 있느냐, 그렇지 않느냐에 따라 매출액이 달라진다. 4호선 성신여대역 1번 출구 입구에 있는 '온달치킨'의 홍성운 사장은 공무원 생활을 하다 1978년 퇴직, 당시 친형이 하던 식당에 동참하면서 식당 인생이 시작되었다. 1995년에는 형이 하던 치킨집이 잘 되면서 그 옆에 분점 형식으로 독립하였다. 처음 3년 동안은 형과 경쟁하는 것이 싫어 특별한 홍보나 사업계획 없이 그럭저럭 운영했다. 하지만 형이 치킨집을 그만두면서 그때부터 홍 사장의 오랜 식당 경력은 빛을 발휘하기 시작했다. "본격적으로 메뉴를 개발하고 서비스를 개선하는 노력을 하게 됐습니다. 그리고 작은 점포지만 경영이념을 정하고 직원들을 교육시켜 나갔습니다." 홍 사장의 경영 이념은 '박리다매'. 적은 이익이 나더라도 많이 팔자는 것이었다.

그것을 실현하기 위한 첫 번째 방법으로서, 당시 다른 경쟁 업소에서는 돈을 받고 판매하던 기본 안주류를 무료로 제공하는 파격적인 서비스를 감행했다. 또 홍 사장이 직접 개발한 왕돈까스는 2,900원에, 닭한마리는 7,800원에 판매했다. 두 번째 방법은 다른 점포에서는 흉내낼 수 없는 독특한 치킨맛을 개발하는 것이었다. 이름하여 '다이어트 치킨'. 어린 닭을 독특한 양념을 입혀 전기구이로 구운 것이다. "한 번 맛을 본 사람은 다른 집으로 갈 수 없다."고 말할 정도로 독특한 맛이다. 6개월 정도 지나면서 매출의 변화가 일기 시작해 40석 매장에서 하루 회전율이 10회전 이상 나올 만큼 성공적인 가게로 자리잡았다. 하루 150~200만원의 매상을 기록, 연 2억원 이상의 수익을 남기고 있다.

투자할 곳은 과감히 투자하라, 연신내 '순대타운'

　　신세대 상권에서 순대집으로 성공하려면? 순대집도 돼지고기의 느끼한 맛과 냄새를 없앤 순대, 밝고 깨끗한 카페 분위기의 인테리어가 신세대들 사이에 인기를 끌고 있다.

　　"차별화된 분위기와 독특한 순대로 신세대 입맛을 잡아라." 연신내 청구성심병원 뒤 먹자골목에 가면 기존의 순대집과는 사뭇 다른 순대 전문점 연신내 '순대타운'이 있다.　커피숍이 더 어울릴 것 같은 밝고 깨끗한 분위기는 신정애 사장의 이력의 결과물이다. 순대타운을 창업하기 전 신 사장은 98년 7월까지 4년 동안 커피숍을 운영했었다. 하지만 턱없이 높은 임대료가 부담이 돼 어려운 경제난 속에서도 식당을 창업하기로 마음먹었다. 신 사장은 "대충 계산해 보니 1,500만원 정도의 예산이 예상된다."며 "공돈 들어간다고 생각할 수도 있지만 돈이 아까워 질질 끌 순 없지 않냐."고 반문했다. 또 "투자할 곳에 과감히 투자하는 것이 성공의 비결"이라고 덧붙였다. 신 사장은 유동인구가 많은 먹자골목이라 차별화된 맛이 아니면 생존하기 힘들다고 생각했고, 이를 위해 다양한 연령층과 남녀 모두 좋아하는 업종을 선택하기 위해 고심했다. 고민 끝에 선택한 것이 순대 전문점이다.

　　신 사장은 먼저 시중에 나와 있는 메뉴를 분석하기 위해 장년층이 많이 모인 사무실 일대의 순대 전문점과 젊은층이 선호하는 신림동 일대의 순대 전문점을 조사했다. 그것을 토대로 10년 동안 순대를 전문적으로 만들어온 사람에게서 맛 비법을 전수받았고, 식당이 자리를 잡기까지 6개월 동안 직접 주방장 역할을 했다. 신 사장이 맛을 배우면서 가장 신경을 쓴 부분은 돼지고기 특유의 느끼한 맛과 냄새를 없애는 것과 남녀노소가 다 즐길 수 있는 메뉴를 골고루 개발해 내는 것이었다. 이를 위해 재료 구입부터 신경썼다. 속 재료는 신선한 돼지 창자, 배추, 숙주, 미나리, 부추 등의 야채와 두부, 고기 등을 써서 풍성하게 했다. 인테리어 또한 기존의 순대집과 같이 어둡고 칙칙한 분위기가 아닌 밝고 깨끗하고 청결한 분위기를 유지했다. 이러한 노력으로 맛과 분위기를 인정받아 27평 매장에서 하루 평균 70만원 가량의 매출을 올렸으며, 24시간 체제로 영업을 연장하면서 하루 150만원 정도를 번다.

세련된 분위기로 승부한 '와우 보쌈'

"밝고 세련된 인테리어, 깨끗하게 오픈된 주방과 철저한 위생, 서비스 지장수를 이용한 차별화된 족발로 바꿔라." 안산 와우보쌈 족발의 강명호 사장은 '발상을 전환하여 과감히 투자, 개업 4개월 만에 하루 평균 280만원의 매출을 올리고 있다. 강 사장은 원래 족발 배달 전문점을 운영했었다. 가게를 운영하면서 사람들이 족발이나 보쌈 같은 배달 전문 메뉴는 세련되지 못하고 비위생적이라고 생각한다는 것을 알았다. 당시 신규 진출하는 족발점의 대부분이 소규

맛에 대한 확신을 가지고 과감히 투자하여 성공한 사례. 지장수를 이용한 족발메뉴에 자신감이 서자 대형점포를 설립하여 안산의 명소가 되었다.

모 점포 또는 점포 없이 가정에서 운영하는 배달전문 추세였다.

강 사장은 발상을 전환해 역공법을 썼다. 즉 배달전문 추세의 점포에 대항해 점포를 크고 세련되게 하고 서비스도 강화하는 것이었다. 강 사장은 "모험을 하는 기분이었지만 나름대로 성공에 대한 확신이 있었다."고 말한다. 믿는 구석이 있었기 때문이다. 그것은 바로 황토물을 가라앉혀 위에 뜬 맑은 물인 '지장수'를 사용하는 것이었다. 강 사장은 지장수가 다음과 같은 효과가 있다고 한다.

- 돼지고기 특유의 냄새와 기름 제거
- 육질의 신선도 증가
- 여름철 식중독 예방
- 소화 흡수력 증진
- 성인병 치료와 신진대사 촉진 등

또한 지장수 족발 보쌈 외에 지장수 오리 보쌈, 쟁반국수, 막국수 등 메뉴를 다양화했다. 개업 결과는 대성공이었다. 깨끗하고 밝은 분위기의 족발, 보쌈 전문점이 안산에서 화제를 불러일으켰고, 가족 단위 손님과 직장인 회식뿐 아니라 여성들도 많이 찾는 명소가 되었다. 이 가게는 하루 평균 250만원, 1년에 2억 5천 만원 정도의 수익을 올리고 있다.

24시간 영업 약속을 지킨 '우리집 김밥'

일산 호수공원 길목, 7평 정도의 작은 규모에 24시간 영업을 하는 '우리집 김밥'(사장 김윤경)이 있다. 겉으로 보기에는 여느 김밥집과 다를 것 없지만 7평 매장에서 하루 매출은 80만원을 웃돈다. 메뚜기도 한 철이라고 여름철에는 100만원 이상의 매출을 올릴 정도로 성업중이다. 그러나 김 사장은 "우리집 김밥이 처음부터 이렇게 잘 되었던 것은 아니었다."며 어느 누가 보아도 김밥집으로서는 될 만한 장소가 아니라서 주위 식구들의 반대가 심했다고 한다. 김 사장은 작은 김밥집을 운영하면서도 조미료는 전혀 쓰지 않고 맛을 내는 등 처음부터 남다른 맛의 김밥을 만들어 내는 데 모든 정성과 노력을 기울였다.

'우리집 김밥'은 24시간 운영 시스템으로 창업했지만 개업 초기에는 하루 매출이 3만원 정도밖에 안 될 정도로 고전했다. 손님이 한 명도 없는 밤에도 문을 닫지 않고 꼬박 밤을 새우며 24시간 운영했다. 처음 개업할 때 했던 고객과의 약속을 지키기 위해서였다. 그런 약속의 덕택인지 6개월 정도가 지나면서 매출이 점차 오르기 시작했다. 조미료를 쓰지 않는 담백한 맛이 입소문으로 알려지면서 멀리서도 일부러 찾아오는 손님들이 늘어나기 시작했다.

아무리 악천우일지라도 24시간 영업방침을 지킴으로써 그곳에 가면 항상 문이 열려 있다는 신뢰감을 고객들에게 심어 주었다. 김 사장은 또 "한번 찾아 온 손님은 편안한 기분을 느낄 수 있도록 최선을 다해 친절을 베풀었다."면서 "늘 변함없는 맛과 서비스가 적중한 탓인지 손님이 끊이지 않는 성공한 점포가 되었다."고 말한다. 반대를 하던 주위 식구들도 이제는 김 사장의 고집스런 창업동기와 성공을 부러워하고 있다. '우리집 김밥'은 월 7백 만원씩, 연 8천 만원 이상의 수익을 올리고 있다.

초보자의 성공 노하우는 전문 컨설팅, '녹향' 샤브샤브

여의도 KBS별관 근처의 충무빌딩 2층에서 '녹향' 샤브샤브 전문점을 운영중인 민병선씨는 24평 매장에서 하루 70~90만원의 매상을 올리고 있다. 민 사장은 자칫 그곳에서 생삼겹살을 취급하는 생고기 전문점을 운영할 뻔했다. 생삼겹살집을 개점하려고 준비중이었다가 컨설팅 회사의 도움을 받아 샤브샤브 전문점으로 전환하여 성공한 케이스이다.

처음에는 생고깃집을 차릴 예정이었으나 주위에 룸살롱이 많은 것을 보고 접대하기 좋은 고가의 음식이 잘 먹힐 것으로 판단, 샤브샤브집으로 창업하여 성공한 경우이다.

"초보자라서 생고기 하는 것이 그래도 간편할 것 같아 선택할 뻔했죠." 라며 말하는 민 사장은 그곳에서 생삼겹살집을 차렸더라면 바로 실패할 수도 있었을 것이다. 이미 그 건물의 1층에는 생삼겹살집이 두 군데나 성업중이었고, 또 고객들도 빌딩의 2층까지 올라가 생삼겹살을 구워먹지 않기 때문이다. 민 사장은 비록 초보 창업자지만 창업 노하우의 경험이 풍부한 컨설턴트의 도움으로 장소에 맞는 아이템 선정, 맛 비법 전수, 영업·홍보 전략 아이디어 등을 통해 개점 1개월만에 여의도 증권가의 맛있는 집으로 인식될 정도로 대단한 성공을 거두었다. 기존 샤브샤브 소스를 한방화시켜 우리 입맛에 맞추었고, 일대일 개별 불판 시스템을 도입하여 위생적일 뿐만 아니라 셀프 시스템이라 인력도 대폭 절감하는 효과까지 보았다.

이 점포가 빨리 자리잡게 된 것은 독특한 홍보 아이디어 때문이다. 오렌지에 '녹향'의 스티커를 붙여서 여의

'녹향'은 일인당 하나씩 전기렌즈가 있는 일대일 개별 불판 시스템이라 직접 조리하는 재미를 느낄 수 있다.

도 증권가에 뿌렸고, 무료 시식권을 통해 개점 초기 많은 사람들을 끌어들였다. 증권 열기가 식은 불경기에도 그 매출은 꾸준히 유지되고 있다. '녹향'은 점포비용을 포함 총 1억원을 투자해서 연 8천 만원 정도의 수익을 남기고 있다.

배달용기를 차별화한 배달전문점의 성공신화

초보 창업자들은 소자본으로 창업이 가능한 배달전문점을 한 번쯤 생각해 본다. 그러나 배달전문점으로 성공하기 위해서는 그 분야만의 독특한 노하우가 필요하다.

대구 신천동의 "찌개로"라는 배달전문점은 독특한 배달용기와 간편한 조리시스템으로 한식 배달전문점을 차별화하여 성공한 사례이다. 찌개로는 기존의 배달용기를 개선, 독특한 배달용기를 개발하였고 육수를 파우치로 포장하여 하루 200인분을 거뜬히 배달해낸다. 이 점포의 사장은 기존의

위생적이고 편리한 배달용기를 개발하여 성공한 사례. 하루 200그릇까지 거뜬히 배달할 수 있으며, 독특한 배달용기로 광고효과까지 얻을 수 있다. 시장이나 밀리오레, 메사와 같이 대형 쇼핑몰에 입점한 사람들의 경우 대부분 배달음식으로 끼니를 해결하는 만큼 이들을 대상으로 한 음식점에서 눈여겨볼 만하다.

배달전문점이 가지고 있는 문제점을 철저히 파악하여 배달용기와 조리 시스템을 개선함으로써 큰 성공을 거둔 경우이다.

이 배달용기는 쟁반을 머리에 이고 배달하는 것보다 위생적이며, 한꺼번에 많은 양을 배달할 수가 있어 인건비와 시간을 줄이는 이중의 효과를 보았다. 특히 여러 개를 겹쳐놓아도 국물이 흐르거나 넘치는 일이 없으므로 위생적이다. 여기에 바로 넣어서 끓이기만 하면 제맛을 낼 수 있는 육수를 개별 포장하여 조리도 간편하게 만들었다.

이 점포의 사장은 특허받은 배달용기와 육수를 이용하여 전국의 배달전문점 창업자에게 저렴한 비용으로 체인점을 개설할 계획을 가지고 있어 본점의 수익 외에도 많은 수익이 예상되는 점포이다.

3천 만원대의 투자로 월 400만원 이상의 수익은 투자 수익률 19%로 소자본 창업으로는 대단한 성공이다. 이 사장은 10평 내외의 작은 점포에서 연 5천 만원의 수익을 거뜬히 올린다.

2. 음식점 창업, 어떤 절차를 거쳐야 하나?

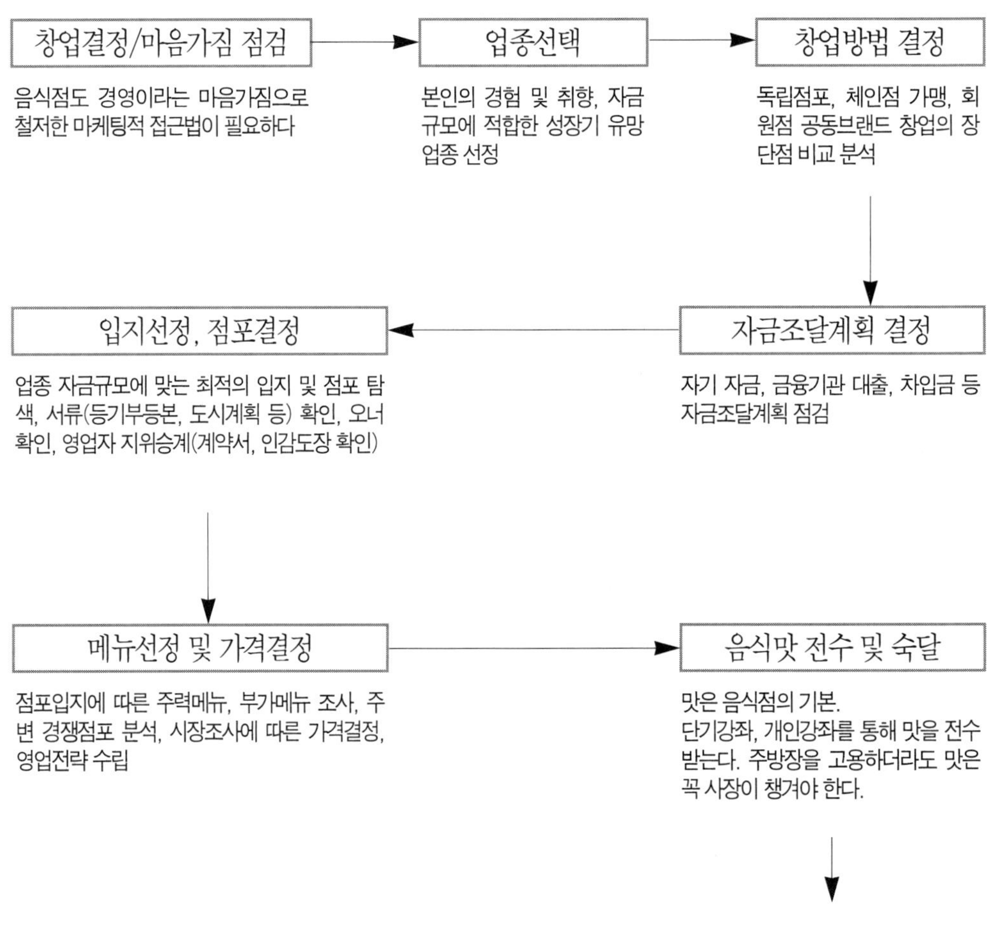

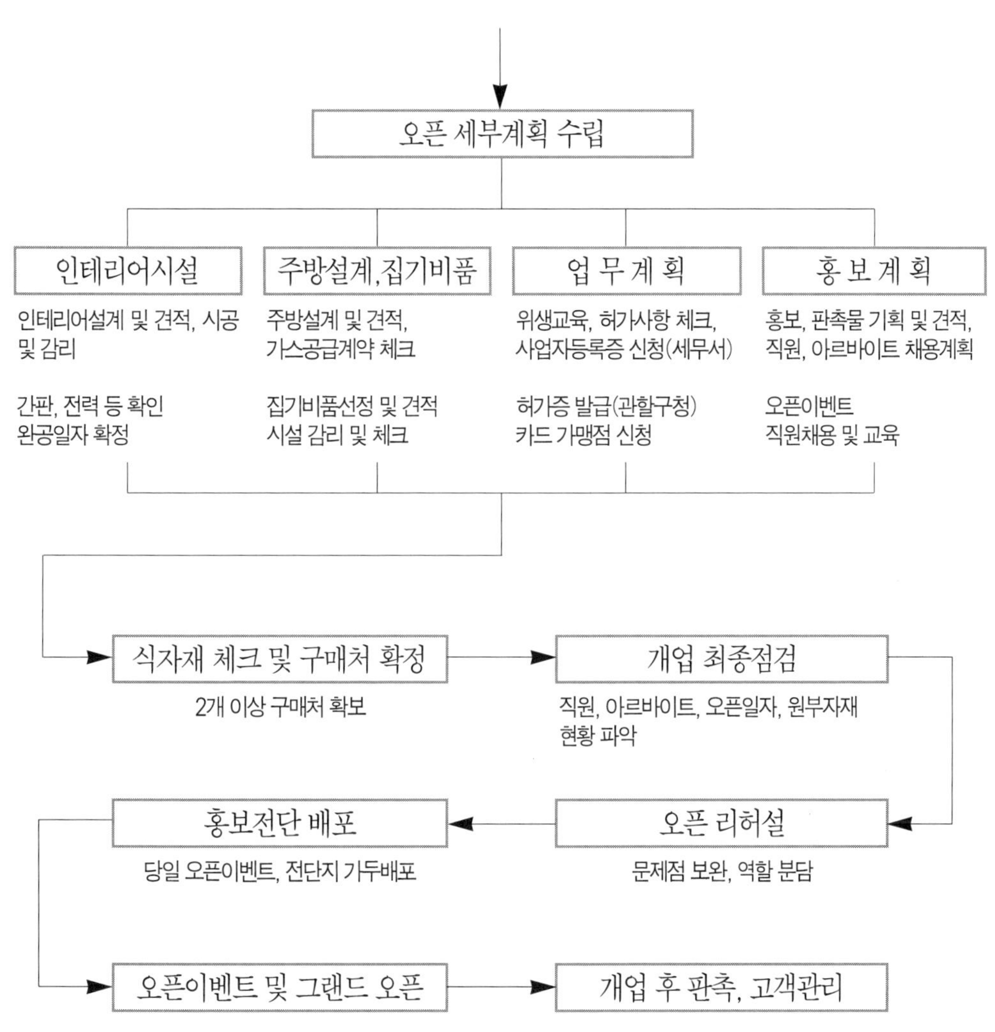

오픈 세부계획 수립

인테리어시설
인테리어설계 및 견적, 시공 및 감리
간판, 전력 등 확인
완공일자 확정

주방설계,집기비품
주방설계 및 견적,
가스공급계약 체크
집기비품선정 및 견적
시설 감리 및 체크

업 무 계 획
위생교육, 허가사항 체크,
사업자등록증 신청(세무서)
허가증 발급(관할구청)
카드 가맹점 신청

홍 보 계 획
홍보, 판촉물 기획 및 견적,
직원, 아르바이트 채용계획
오픈이벤트
직원채용 및 교육

식자재 체크 및 구매처 확정
2개 이상 구매처 확보

개업 최종점검
직원, 아르바이트, 오픈일자, 원부자재
현황 파악

홍보전단 배포
당일 오픈이벤트, 전단지 가두배포

오픈 리허설
문제점 보완, 역할 분담

오픈이벤트 및 그랜드 오픈

개업 후 판촉, 고객관리

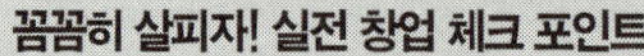

음식점 창업이 왜 유리할까?

첫째, 마진률이 높다.

편의점을 운영하다 음식점을 창업하려고 온 사람이 있다. 편의점 같은 판매업종의 경우 영업 마진률이 20%이므로 하루 50만원 매출이라면 물건값을 제하고 10만원이 손에 들어온다. 10만원으로 인건비와 임대료, 관리비 등을 지불하고 나면 남는 게 별로 없다고 한다. 하지만 음식점의 경우 똑같이 50만원의 매상을 올렸을 때, 식재료 원가 20만원을 제하면 30만원이 손에 들어오므로 이익이 훨씬 높은 편이다.

둘째, 대자본, 대형점포에 대응 가능하다.

아무리 큰 점포가 있을지라도 큰소리치며 영업할 수 있는 장점이 있다. 약 5천만원에서 1~2억 정도로 창업하는 보통 사람의 경우 대형점포 앞에서는 경쟁력이 약해진다. 즉 잘 되다가도 주변에 대형 할인점, 대형 백화점이 들어서면 바로 파리 날리기 십상이다. 하지만 음식점은 규모가 적어도 자기만의 독특한 맛에 대한 노하우가 있으면 손님이 찾아오게 할 수 있고, 서비스와 고객관리로 단골을 확보할 수 있으므로 대형점포에 대한 경쟁력을 갖출 수 있다.

셋째, 불경기에 강한 업종이다.

소비가 위축되면 외식업도 위축되는 것은 사실이다. 하지만 먹는 것은 생존이자 필수 욕구이기 때문에 다른 업종에 비해 영향을 적게 받는다.

넷째, 현금을 손에 쥐는 현찰 장사라는 점이다.

칼국수를 하루 200그릇, 만두 100인분을 팔아 하루 150만원 매출을 올리는 집을 보자. 식재료를 제하고도 하루 150만원씩 현찰을 챙긴다. 순수 마진만 계산하면 하루 50만원씩 한 달 1,500만원, 1년이면 1억이 넘는 수입을 챙겨 간다.

3. 업종을 선택할 때 주의해야 할 사항은?

"어 그 음식점 장사 잘 되네. 이곳저곳에 많이 생기는 것 같아."

갑작스럽게 뜨는 음식점들이 있다. 그래서 너도나도 창업에 뛰어들지만, 한 번쯤 눈여겨볼 필요가 있다. 먼저 진짜로 유망한 아이템인지 아니면 반짝 뜨다 사라질 아이템인지를 꼼꼼히 조사해야 한다. 장사가 일시적으로 잘 되는 것이라서 이를 구별하기란 생각보다 쉽지 않다. 유망 아이템과 일시적인 유행 아이템은 어떻게 구별해야 할까?

이를 판단하는 방법은 다음과 같다.

첫째, 음식의 기본을 무시한 아이템은 금세 사라진다. 음식의 기본요소인 '맛, 포만감, 즐거움'을 무시하면 얼마 가지 않아 시들해지고 만다. 예를 들면 조개구이 같은 경우 조개껍질 때문에 풍성해 보이지만 막상 먹고 나면 포만감이 들지 않는다. 조개구이는 음식의 기본을 갖추지 못한 부대메뉴에 적합한데 중심 메뉴로 전문 음식점화했으니 실패할 수밖에 없다. 탕수육 전문점도 마찬가지 경우이다.

요즘 많이 창업하는 업종 중에서 맛보다는 가격과 양으로 승부하는 음식점들이 있다. 무조건 1인당 7천원에 무한정 고기를 내주는 음식점이 이에 해당한다. 그러나 맛을 갖추지 않은 채 양과 가격만으로는 오래가지 않을 것이다. 설사 장사가 조금 되는 듯해도 박리다매인 만큼 유동인구가 많고 고객 유인력이 있는 노른자 상권이 아니라면 남는 장사가 아니다.

둘째, 그 음식만의 노하우가 있어야 한다. 누구라도 쉽게 할 수 있고 바로 모방하기 쉬운 음식이라면 경쟁상대가 우후죽순처럼 생겨나 생명력이 짧다. 생고기 전문점의 경우 맛과 포만감을 채워주는 음식의 기본요소를 갖추고 있지만, 정육점에서 좋은 고기 받아서 불판에서 지글지글 익힌 다음 왕소금에 찍어 먹으면 되므로 음식의 조리 노하우가 약하다고 볼 수 있다.

너도나도 쉽게 차릴 수 있는 장점 때문에 경쟁이 치열해지고, 그러다 보니 장사가 잘 안 되는 생고기 전문점이 늘어만 간다. 설사 장사가 잘 되는 경우도 이익이 많이 남지 않는다. 남들보다 더 맛있는 고기 준비로 원가가 비싸지게 되고 반찬 메뉴도 다양하게 준비하다 보면 실속 있는 장사가 안 되는 것이다. 수요에 비해 공급이 많으면 당연히 수명 주기가 짧아지는 법. 따라서 음식 노하우가 약한 경우 독특한 소스 같은 자기 집만의 노하우를 갖추지 않으면 성공하기란 쉽지 않다.

한 가지 주의해야 할 것은 음식맛의 차별화가 아니라 세팅을 통한 차별화, 모양이나 형태 등을 바꾼 부분적인 차별화는 금세 모방이 가능하다는 것이다.

셋째, 체인회사가 지나치게 난립하는 경우도 주의해야 할 부분이다. 각 회사별로 체인점이 지나치게 많아지면 과열 경쟁으로 물이 흐려지는 경우가 있을 수 있다. 일부 체인회사는 맛이나 음식점 시스템에서 체계가 잡혀 있지 않은 경우도 있으므로 주의해야 한다.

창업을 하기 전에 내가 창업하고자 하는 음식 아이템의 경우는 어떤지 꼼꼼히 살펴본다면 낭패를 피할 수 있다.

아이템 선정시 고려할 요인들

음식점 창업시 첫단추를 잘 끼우기 위해 다음의 몇 가지 사항을 고려해 보아야 한다.

첫째, 지금까지 언급한 대로 '반짝' 하다 사라질 위험 아이템은 피한다. 초보자에게 유리한 성장기 단계의 업종을 창업해야 함은 당연하다.

둘째, 본인의 자금규모에 맞는 음식점을 창업해야 한다. 스파게티 전문점을 차리고 싶어도 제대로 차리려면 1억원 이상은 있어야 한다. 스파게티 전문점을 차릴 수 있는 입지에 인테리어를 갖추어야 창업이 가능하다. 음식점마다 적정 자금규모가 있다. 총 창업자금이 2~3천만 원 정도로 소자본일 때는 배달 관련 업종을 시작하는 것이 좋다. 입지와 규모가 조금 떨어져도 창업이 가능하므로 창업비용을 대폭 줄일 수 있다.

셋째, 본인의 생각이나 가치관을 생각해야 한다. 성격이 활달하고 외향적 성격이라면 단가가 높은 음식점, 즉 고급 일식집이나 한정식집 등이 알맞다. 이런 음식점은 고객 접대를 잘해야 하고 단골을 확보해야 하는 등 활동적인 사람에게 적합하다. 반대로 성격이 내성적이고 치밀하고 꼼꼼하다면 고객과의 서비스 타임이 짧은 패스트푸드 업종이나 '나는 나' 취향의 신세대 대상 음식점에 맞는다. 또 본인의 종교나 가치관 등에 따라 술을 취급하는 것이 꺼림칙한 경우는 술 위주의 음식점은 피하는 것이 좋다.

넷째, 본인이 창업하고자 하는 장소가 있는 경우나 하고자 하는 입지에 따라 맞는 업종이 있다. 그 해당상권의 고객을 분석, 직장인 대상인지, 가족손님 대상인지, 신세대 학생 대상인지를 파악하여 주요 고객에 맞는 음식점을 선택해야 한다. 또한 해당입지의 경쟁관계도 고려해야 한다. 1,500세대 이상의 아파트가 밀집되어 있는 상권에 치킨집을 하고 싶지만, 이미 그 상권에 6~7개의 치킨집이 있다면 시작하지 않는 것이 좋다.

다섯째, 나이나 성별, 체력조건 등에 따라서 나에게 맞는 음식점을 골라야 한다.

4. 업종을 잘못 선택하여 실패한 사례!!

가정식 백반집에서 오리탕집으로

강남의 ○○세무서 앞에 '새벽집'이란 상호로 영업을 하는 점포가 있다. 이 점포에서 연세가 지긋한 부부가 6년 동안 영업을 했는데 점포 규모에 비해서 상당히 실속 있는 매출을 올렸었다.

그런데 얼마 전 상당한 권리금을 주고 이 점포를 얻은 고객이 필자를 찾아와 상담을 청했다. 이 사장은 점포를 계약하기 전 며칠 동안 점포 앞을 살펴본 결과 장사도 상당히 잘되고 입지도 괜찮은 것 같아서 비싼 권리금을 주고 점포를 계약하였다고 한다. 그러나 오픈하고 두 달이 지나도록 매출이 오르지 않아 필자를 찾아오게 된 것이다.

예전의 이 점포는 20평 남짓한 규모에서 아침에는 해장국과 북어국을, 점심에는 가정식 백반을 팔았다. 그런데 이 고객이 점포를 임차하면서 상호와 시설은 전혀 고치지 않은 상태에서 기존의 메뉴는 전부 없애고 오리탕 하나만으로 메뉴를 바꾸었다. 음식점 경험은 없었지만 언니가 오리탕 하나만은 자신 있다는 것이 메뉴를 바꾼 이유였다. 또한 해장국이나 가정식 백반 같은 메뉴는 가격이 너무 낮아 취급하지 않았다고 한다. 그러나 결과는 한 달도 지나지 않아 하루 매출이 10만원도 오르지 않는 죽은 점포가 돼버린 것이다.

음식장사는 입지에 따라서 어느 업종을 선택하느냐가 성공과 실패를 좌우하는 경우가 많다. 점포의 입지를 무시하고 무조건 자기가 좋아하는 업종을 선택하거나 유망업종이라고 선택했다가는 낭패를 보는 경우가 허다하다.

위의 경우는 점포 주변의 상권이나 점포의 규모 및 시설을 고려하지 않고 너무 안일한 업종 선택으로 실패한 사례이다. 이 점포는 규모나 시설 면에서 고급음식을 취급할 만한 조건이 아니었다. 간단한 아침식사나 시간에 쫓기며 점심을 해결할 수 있는 음식점이 들어설 상권이지, 한 그릇에 35,000원씩이나 하는 고급 음식점이 들어설 자리는 아니었던 것이다.

본인이 오리탕 맛을 잘 낸다는 이유만으로, 그리고 시설이나 규모를 전혀 갖추지 않은 상태에서 싼 음식을 취급하지 않겠다고 결정한 것이 잘못된 것이다. 이 점포는 하루 빨리 메뉴를 변경하는 것이 최선의 방법이다. 음식점은 자신이 좋아하거나 자신 있는 업종을 선택하여 하는 것이 좋지만 입지나 시설, 규모 등 모든 것이 맞아떨어질 때 빛을 발하게 되는 것이다.

업종선택 체크 V 리스트

☐ 하려고 하는 음식 아이템이 음식의 기본 요소를 갖추고 있는가?

- 맛은 있는가?

- 포만감은 있는가?

- 음식의 노하우가 있는가?

- 즐거움은 있는가?

☐ 도입기, 성장기, 성숙기, 성숙후기, 쇠퇴기 중 어느 단계에 속하는 업종인가?

☐ 반짝 뜨다 사라지는 유행 아이템은 아닌가?

☐ 비수기가 없거나 계속적으로 생겨나는 업종인가?

☐ 식재료 공급이 원활한 업종인가?

☐ 조리가 간편한 업종인가?

☐ 점심 매출이 높은 업종인가, 저녁 매출이 높은 업종인가?

☐ 지속적으로 새로운 메뉴의 추가가 가능한 업종인가?

☐ 과다경쟁이 있는 업종인가?

☐ 자금 회수율이 높은 업종인가?

☐ 성장업종으로 어느 정도 자리를 굳혀 가는 업종인가?

☐ 투자비용 대비 수익성이 높은 업종인가?

☐ 음식의 회전율이 높은 업종인가?

☐ 점포 운영에 있어서 노하우가 축적되어 신규 참여가 어려운 업종인가?

☐ 사회적인 필요에 부응하여 경기에 민감하지 않은 업종인가?

☐ 대형음식점의 참여로 경쟁력이 떨어질 수 있는 업종인가?

☐ 시대상황에 부응하는 업종인가?

☐ 자신의 자본규모에 맞는 업종인가?

☐ 자신의 적성에 맞는 업종인가?

☐ 점포의 입지에 알맞은 업종인가?

☐ 창업자의 경력과 성향에 맞는 업종인가?

5 . 음식 업종에 맞는 적정 상권은?

내가 창업하고자 할 음식점의 적절한 지역이 어느 상권인지 보려면 해당 음식점을 즐기는 고객이 누구인지를 먼저 파악해야 한다. 즉 어떤 고객이 그 음식을 언제 어떻게 즐기는지를 살펴보면 알 수 있다. 예를 들면 돈까스 전문점은 주로 점심식사하기에 좋은 음식이다. 따라서 점심수요가 많은 직장인이 많은 곳이 좋다. 저녁 술손님 대상의 먹자골목이나 대규모 아파트 단지 등이 얼핏 좋아 보여도 사무실 밀집지역 상권보다는 매출이 떨어진다. 그리고 음식을 즐기는 고객층의 변화를 살펴봐야 한다.

갈빗집은 직장인 회식과 가족 외식시에 주로 이용하는 음식점이다. 그러나 IMF 이후 직장인 회식은 대폭 줄어들었다. 따라서 최근에는 직장인 대상의 중심 상권보다는 가족 손님 대상의 주택가나 아파트 단지가 더 좋은 상권으로 떠오르고 있다.

또한 경기동향에 맞는 상권을 파악하여, 번성하는 상권, 돈이 흐르는 상권을 잡는 것이 좋다. 벤처붐이 일었을 때는 벤처기업이 밀집된 서울의 테헤란 상권, 광고가 호황일 때는 충무로 상권, 그리고 증권붐이 일 때는 여의도 증권가 타운의 음식점이 호황이었다.

각 상권별로 적절한 음식점은 다음과 같다.

- **아파트, 주택가 상권**

  점심식사 중심의 업종보다는 저녁 퇴근길의 고객을 잡을 수 있는, 술과 함께 즐길 수 있는 업종이 유리하다.

  치킨, 피자, 돈까스, 족발, 중국집, 보쌈 등의 배달 관련 업종, 해물요리 배달점, 제과점, 돼지고기집, 닭갈비집, 갈빗집, 칼국수집, 생고기집 등.

- **사무실 밀집 상권**

  점심과 저녁 손님이 많으므로 음식점을 하기에는 좋은 상권이다.

  돈까스, 우동, 초밥집, 설렁탕, 한식집, 분식집, 도시락집, 해물탕, 쌈밥집, 솥밥집, 갈빗집, 횟집, 설렁탕집, 오리집, 해장국집, 부대찌개, 치킨호프집, 황태요리, 꼬치구이, 죽전문점 등.

- **전철 역세권 상권**

  전철 역세권 등 유동인구가 많고 흐름이 빠른 곳은 패스트푸드 업종이나 칼국수나 돈까스 등 회전율이 빠른 음식점이 적당하다.

  햄버거, 아이스크림, 김밥, 돈까스, 카페, 국밥집, 칼국수, 분식집 등.

- **먹자촌 상권**

  주로 저녁장사에 맞는 음식점이 잘 된다.

  해물탕, 보쌈, 족발, 생고기 전문점, 횟집, 아구탕, 낙지집, 갈비, 설렁탕, 감자탕, 닭갈비, 철판볶음밥, 장어전문점, 오리집, 꼬치구이, 곱창집, 참치횟집 등

- **신세대 대학가 상권**

  점심식사는 상대적으로 단가가 저렴한 분식집과 같은 음식점이 좋고 저녁에는 신세대 풍의 주점부터 레스토랑, 싼 고깃집 등이 성업한다.

  패스트푸드, 분식집, 김밥집, 주먹밥집, 생삼겹집, 생고깃집, 호프집, 닭갈비집, 순대볶음집, 스파게티, 돈까스, 소주방 등 신세대 주점, 레스토랑, 커피 전문점, 라면 전문점, 도너츠, 빵 전문점 등.

■ **교외 도로변 상권**

오리집, 토종닭, 보신탕, 추어탕 등 30~50대 층에 맞는 보신식 음식, 연인 대상의 레
스토랑, 고급카페, 민물고기 매운탕, 가든 형식의 갈빗집, 한정식집, 산채정식 등.

꼼꼼히 살피자! 실전 창업 체크 포인트

창업 자금별 유망업종

유망 업종을 선택하는 것과 좋은 장소도 중요하지만 자신의 자금 규모에 맞는 업종을
선택하는 것도 중요하다. 여러 곳에서 돈을 끌어모아 창업했지만 음식점이 자리잡기까지
버틸 자금 여유가 없어 헐값에 넘기는 경우도 있기 때문이다.

다음은 자금에 따른 유망업종 목록을 정리한 것이다. 여러 가지 여건에 따라 변동이 심
하므로 초보창업자들을 위해 대략적인 자금규모와 업종을 구분한 것이다.

자금 규모	업종 내용
천만원~2천만원	분식, 보쌈, 족발 배달전문, 피자 배달전문, 일식 돈까스
	배달전문, 야식 배달전문, 해물탕 배달전문
2천만원~5천만원	분식, 김밥 전문점, 일본식 주점
5천만원~7천만원	일본식 주점, 분식, 김밥 전문점, 생고깃집, 일식 돈까스
	우동 전문점, 숯불 바비큐 치킨
7천만원~1억원	일식 돈까스 우동 전문점, 일본식 주점, 생고깃집, 감자탕집,
	스파게티 전문점, 아구집, 갈빗집, 칼국수집, 부대찌개,
	오리 전문점, 설렁탕 전문점, 호프집, 대중 참치 전문점
1억원~2억원	대중 샤브샤브 전문점, 설곰탕 전문점, 냉면, 탕 전문점,
	오리 전문점, 노바다야끼, 이자카야, 횟집, 한정식집

6. 상권 지도는 어떻게 작성할까?

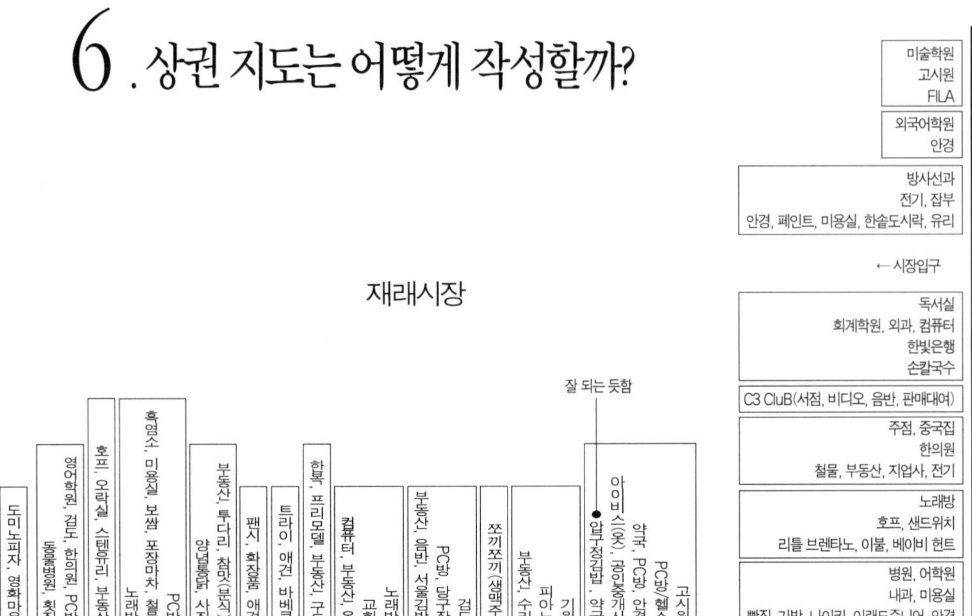

← 하일동

① 주요 도로 작성

② 거리 개념 표시

③ 대형시설 표시

④ 배후시설 표시

⑤ 상권 거리의 장면 스냅 사진을 찍어 재구성

⑥ 전 업종에 걸친 점포 표시

⑦ 전철, 버스 정류장 표시

⑧ 고객 동선 흐름 표시

※30~50평 점포 경우 반경 300~500미터 내의 위치를 표시하고,

　　대형 점포의 경우 반경 2.5킬로 내의 위치를 표시한다.

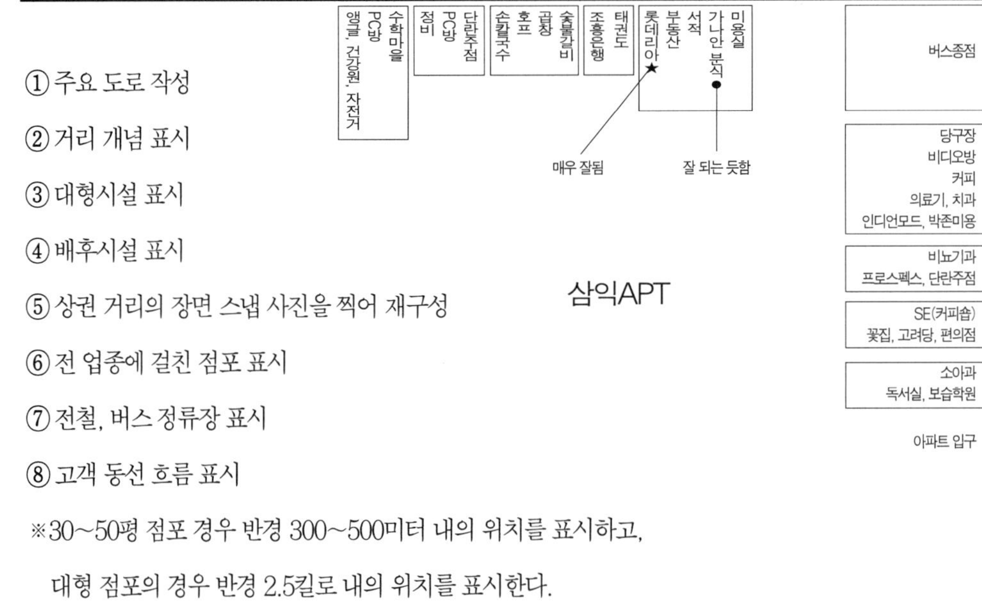

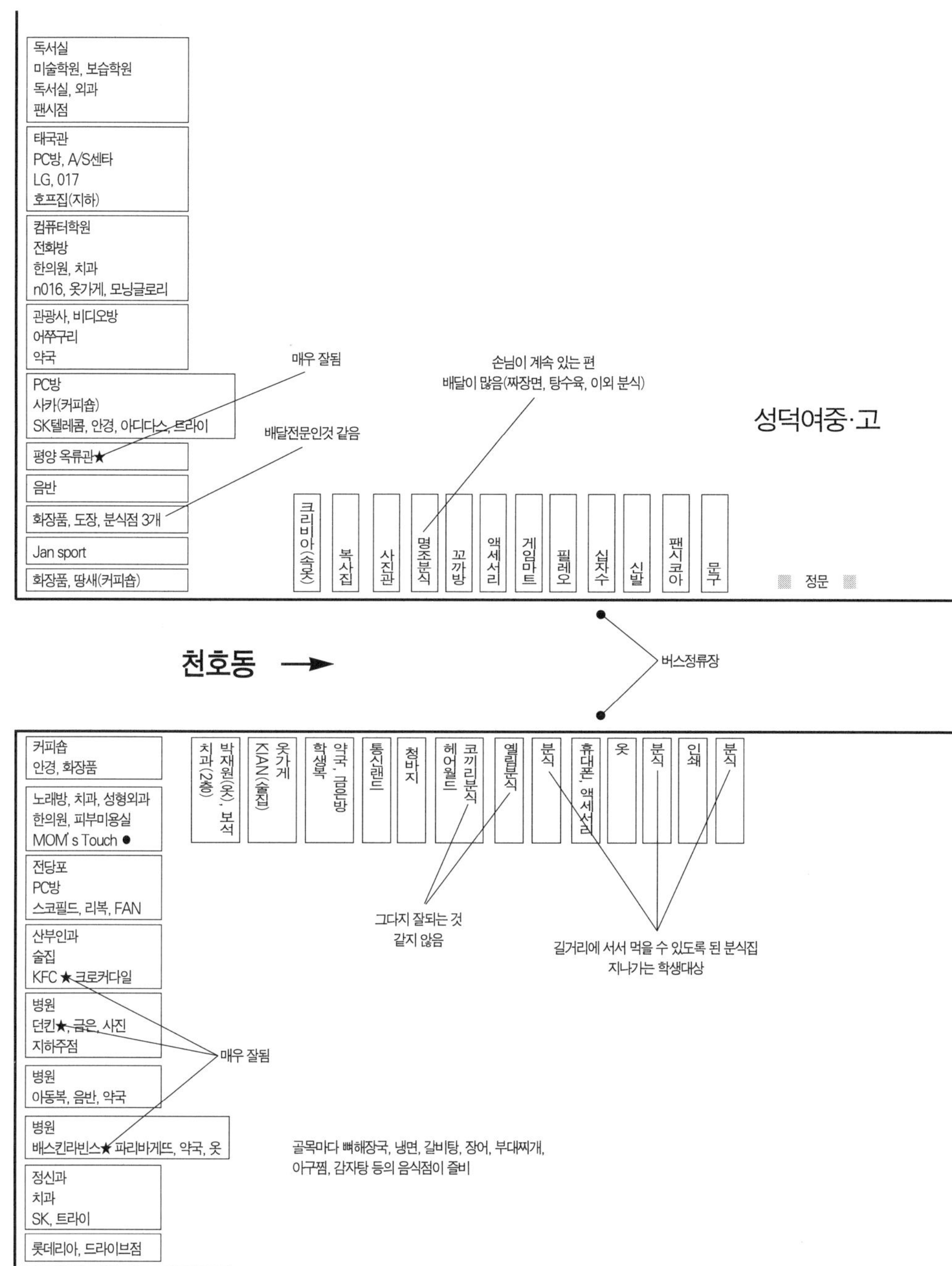
독서실
미술학원, 보습학원
독서실, 외과
팬시점

태국관
PC방, A/S센타
LG, 017
호프집(지하)

컴퓨터학원
전화방
한의원, 치과
n016, 옷가게, 모닝글로리

관광사, 비디오방
어쭈구리
약국

PC방
사카(커피숍)
SK텔레콤, 안경, 아디다스, 트라이

평양 옥류관★

음반

화장품, 도장, 분식점 3개

Jan sport

화장품, 땅새(커피숍)

매우 잘됨

배달전문인것 같음

손님이 계속 있는 편
배달이 많음(짜장면, 탕수육, 이외 분식)

성덕여중·고

크리비아(속옷)
복사집
사진관
명조분식
꼬까방
액세서리
게임마트
필레오
심치수
신발
팬시코아
무구

정문

명일역

천호동 →

버스정류장

암사동

커피숍
안경, 화장품

노래방, 치과, 성형외과
한의원, 피부미용실
MOM's Touch ●

전당포
PC방
스코필드, 리복, FAN

산부인과
술집
KFC ★ 크로커다일

병원
던킨★, 금은, 사진
지하주점

병원
아동복, 음반, 약국

병원
배스킨라빈스★ 파리바게뜨, 약국, 옷

정신과
치과
SK, 트라이

롯데리아, 드라이브점

병원
손칼국수, 약국, 평화은행, 독서실

박재원(옷),
치과(2층), 보석
옷가게 ZEAN(술집)
학생복
약국, 금은방
통신랜드
청바지
헤어월드
코끼리분식
옐림분식
분식
휴대폰, 액세서리
옷
분식
인쇄
분식

매우 잘됨

그다지 잘되는 것
같지 않음

길거리에 서서 먹을 수 있도록 된 분식집
지나가는 학생대상

골목마다 뼈해장국, 냉면, 갈비탕, 장어, 부대찌개,
아구찜, 감자탕 등의 음식점이 즐비

내가 개점하고자 하는 장소의 상권을 파악하는 데 가장 좋은 것이 바로 상권 지도이다. 현장을 몇 번이나 돌아보아도 감이 잡히지 않던 상권 성격이 지도를 그려보면 쉽게 파악된다. 얼핏 보기에도 복잡해 보이는 상권지도는 어떻게 그려야 할까?

먼저, 예정점포 자리를 둘러싸고 반경 500미터 범위의 지도를 그린다. 50평 정도나 그 이하 평수라면 대략 200~300미터 반경을 주 고객상권으로 보면 된다. 물론 100평 이상의 규모나 패밀리 레스토랑 등 차량으로 이동하는 손님이 주요 고객일 때는 반경 2.5킬로까지 조사해야 한다.

주요 도로와 학교나 은행 같은 대형시설, 아파트와 주택가 등 배후시설을 표시한다. 주위의 큰 지형물을 표시했다면 거리별, 방향별로 전 업종에 걸친 점포를 표시한다. 지도를 들고 다니면서 일일이 표시하려면 많은 시간과 노력이 필요하므로 자동 카메라를 이용해 스냅 사진을 찍은 후 사진에 찍힌 간판을 보고 지도에 표시하면 된다.

마지막으로 빠져서는 안 될 것이 전철역이나 버스 정류장 표시이다. 여기에 더해 사람들의 흐름이 어디로 흘러가는지, 그 동선의 방향까지 표시한다면 상권 지도를 읽는 데 큰 도움이 된다.

이와 같이 상권 지도를 그려보면 주택가 상권인지, 사무실 상권인지, 신세대 중심의 상권인지 등 상권의 성격을 한눈에 볼 수 있다. 또한 업종 분포도를 분석하여 내가 하고자 하는 아이템에 맞는 상권인지를 파악할 수 있고, 직접 경쟁하는 음식점, 간접 경쟁하는 음식점 등이 한눈에 파악된다. 이 중 한두군데 음식점을 골라 집중적으로 매출을 조사하고 영업 상황을 분석해서 잘 되는 요인, 안 되는 요인 등을 파악한다면 창업전략에 도움이 되며, 그 가게를 계약해야 할지 포기해야 할지에 대한 판단근거가 된다.

7. 무엇을 기준으로 장소를 잡을 것인가?

흔히 장소선정을 위해 눈으로 판단할 수 있는 기준은 그 앞을 지나가는 시간당 유동인구수와 배후인구수를 파악하여 판단한다. 하지만 유동인구가 많다고 해서 내가 하고자 하는 음식점의 장사가 과연 잘 될까?

어떤 자리는 유동인구는 많지만 사람들이 머물지 않고 그냥 지나가는 지역이 있고, 겉보기엔 화려한 상권 같지만 장사가 잘 되지 않아 시름시름 앓고 있는 지역도 있다. 따라서 그 지역의 음식점들이 현재 어떻게 장사를 하고 있는지, 얼마를 팔고 있는지를 안다면 장소선정의 판단에 도움이 된다.

그럼 어떻게 다른 음식점들이 장사가 잘 되는지 안 되는지를 알 수 있을까?

물론 그 앞에서 내점 고객수를 파악하면 어느 정도는 알 수 있다. 하지만 며칠간 머물면서 파악하기가 여의치 않을 수도 있다. 이럴 경우 또 다른 방법이 있다. 주변의 커피숍이나 슈퍼마켓 등에서 탐문조사를 하는 것이다(이 경우 정확도는 떨어진다).

보다 정확한 정보를 얻기 위해서는 그 지역의 식재료 공급상을 통해 알아보는 것이다. 예를 들면 쌀이나 고기를 공급하는 공급업체를 통해 공급량을 알면 하루에 몇 그릇이 팔리는지가 파악된다. 식재료 공급상들은 새로 생길 음식점에 식재료를 공급할 욕심으로 웬만한 정보는 다 알려준다.

배달 전문점의 경우는 배달 나가는 오토바이 수를 통해 매출액을 파악할 수 있다. 오토바이 하나로 하루 30번 배달한다면 배달횟수에 음식단가를 곱하면 어느 정도까지는 하루 매출액이 파악된다.

또 한 가지, 그 가게의 간판이나 내부 진열, 청결 상태를 파악하면 장사가 잘 되는지 안 되는지의 여부를 어느 정도 알 수 있다. 안 되는 가게일수록 주인이 의욕을 잃어서 청소도 소홀히 하고 간판도 지저분하다.

얼마 전 고가의 샤브샤브 전문점 장소를 잡는 데 판단 기준으로 삼았던 것이 주위에 룸살롱이 얼마나 있는가였다. 같은 빌딩 지하에 룸살롱이 다섯 곳이나 있을 정도로 많은 것을 보고 샤브샤브 전문점의 입지로 충분하다는 판단을 내렸다. 주위의 여건으로 보아 접대하기 좋은 고가의 음식이 잘 먹힐 수 있다는 생각이 들었기 때문이다.

시흥에 사는 주부 ㅂ씨는 인근 업소의 오토바이수를 보고 분식점을 차린 경우. 남편이 명퇴하자 그 자금으로 경기도 시흥시 모 대기업 공장 건너편에 분식집을 차렸다. 이 회사 주변은 허허벌판이고 회사내에 구내식당이 있었다. 일반적으로 생각하면 분식집이 될 리 없는 지역이었다. 때문에 분식점 대신 다른 업종을 생각했으나 옆 점포에서 장사를 하고 있던 중국집을 보고 분식점을 차리기로 결심했다. 놀랍게도 이 중국집은 배달용 오토바이만 5대를 갖고 배달 전문점 형태로 장사를 하고 있었다. 이 점에 착안, 분식집을 배달 전문점 형태로 꾸며 한 달만에 자리를 잡는 데 성공했다.

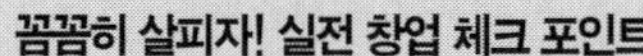

좋은 장소를 찾는 체크 포인트

- 유동인구 많은 곳 – 하지만 머무르지 않고 흐르는 유동인구가 많은 곳은 피해야 한다.

- 노점상 많은 곳 – 노점상은 노른자 위에 진을 친다.

- 이면도로가 유리하다 – 회전율이 빠른 패스트푸드 등 대형 음식점은 예외

- 물은 낮은 곳으로 흐른다 – 언덕진 곳은 피한다.

- 상가의 연속성이 끊어진 점포는 피한다 – 상가 중간에 놀이터나 주차장이 있거나 저녁
  에 일찍 문을 닫는 업종인 우유배달 전문점, 카센터, 부동산 등이 바로 옆에 있는 곳은
  피한다.

- 출근 길목보다는 퇴근 길목이 좋다.

- 싼 게 비지떡 – 초보자일수록 권리금이 있고 영업권이 형성된 자리를 찾아야 한다.

- 주인이나 간판이 자주 바뀌는 점포는 피한다.

- 간판이 커야 가게도 산다.

8. 상권조사, 무엇을 어떻게 작성해야 하는가?

일반 주택 지역　　　　　　　　　　　(후보지에서 반경　미터 이내/단위:　명)

구분	10대 이하	20대	30대	40대 이상	계
(　　)동					
(　　)동					
계					

아파트, 단독, 빌라, 다세대

평형	(　　)평형	(　　)평형	(　　)평형	계
세대수				

대형 사무실 상주 인구

회 사	직원수

대형시설 유동인구 내점객(하루)

백화점	
은행	
관공서	
스포츠 센터	
시장	
버스 정류장	
전철	

유동인구와 방문자수 파악자료

월   일 / 날씨: 장소:

시간대별	유동인구 18:00 ~ 20:00 / 12: 00 ~ 14:00		합 계	방문자 수 18:00 ~ 20:00 / 12:00 ~ 14:00		합 계	총합계
연령/성별	남	여		남	여		
10대							
20대							
30대							
40대							
40대 이상							
합계							

차량 통행량 조사표

시 간	승용차	화물차량	기 타	비 고
08:00~09:00				
09:00~10:00				
10:00~11:00				
11:00~12:00				
12:00~13:00				
13:00~14:00				
14:00~15:00				
15:00~16:00				
16:00~17:00				
17:00~18:00				
18:00~19:00				
19:00~20:00				
20:00~21:00				
21:00~22:00				
22:00~23:00				
합 계				

장소 계약전 체크 리스트

접근성

대중교통을 이용한 접근이 용이한가? (지하철 역, 버스정류장, 마을버스 등) / 횡단보도나 육교와의 거리는? / 도로와의 접근성이 양호한가? / 주차장이 필요한 업종인가? / 입지 앞에서 교통체증이 있는가? / 경사, 계단, 턱 등 장벽이 있는가?

상권 특성

상주 인구의 수와 경제적 수준은 어떠한가? / 반경 500미터 이내에 경쟁업소 현황은 어떠한가? / 해당 지역의 주택 밀도와 세대별 평수는? / 유동인구의 특성은 어떠한가? / 마을버스, 백화점 셔틀버스가 상권에 미치는 영향은? / 내가 하고자 하는 업종과 상권의 특성과의 부합 여부는?

가시성

점포 전면의 노출상태가 양호한가? / 점포가 몇 미터 전방에서 보이나? / 간판설치와 인테리어 시공에 문제가 없는가?

경쟁력, 수익성

경쟁 점포는 어디에 위치하고 그 점포의 고객 흡인력은 어느 정도인가? / 경쟁 업소와의 차별화 전략은 있는가? / 하고자 하는 업종에 대한 점포 규모의 적정성은? / 자발적 수요와 잠재적 수요의 창출 가능성은? / 기대 매출이 합리적으로 설정되었는가? / 권리금, 보증금, 임대료가 적당한 수준인가?

법적인 문제

도시 계획상의 하자나 법적으로 문제가 있는 건물은 아닌가?

배후 지역 세대수 및 인구 현황 파악표

아파트 단지 세대수, 인구수 / 대형 사무실 상주 인구 / 백화점, 공공시설, 은행 등 출입 인원

9. 점포의 결정 - 수요와 공급을 파악해 보라

창업초보자들은 점포를 물색할 때 식당이 밀집되어 있는 지역에서도 식당을 했던 자리만을 고집하는 경우가 많다. 물론 기존의 식당을 인수하여 창업을 하는 경우 큰 문제는 없겠지만, 점포를 계약하기 전에 점포를 중심으로 수요가 충분히 확보되어 있는가를 꼭 파악해 보아야 한다. 의외로 주변의 한정된 수요에 비해 너무 많은 식당이 들어차 있어 예상한 수익을 올리지 못하는 경우가 많기 때문이다.

그러나 반대의 경우도 생각해 볼 수 있다. 일반인들이 보기에는 주변에 식당가가 형성되어 있지도 않고 평소에는 사람의 왕래도 뜸한데도 장사가 잘 되는 식당이 있다. 예를 들어 종로4가에서 창경궁 쪽으로 보면 비교적 규모가 큰 식당이 하나 있는데 이곳은 점심시간만 되면 항상 만원사례를 이룬다. 주변의 자그마한 식당들도 마찬가지 상황이다.

그 건너편을 보면 먹자골목이 형성되어 상당히 많은 식당들이 즐비하게 늘어서 있다. 그러나 이 골목에 있는 식당들은 특정 업소만 장사가 잘되고 나머지 업소들은 보통수준의 매출을 올리는 정도이다.

왜 이런 현상이 벌어질까? 건너편인 먹자골목을 가려면 신호등을 건너 약 100미터 정도 걸어가야 하는 어려움이 있으므로 자연히 이쪽 편의 식당을 이용하게 되는 것이다. 주변에는 대형사무실 빌딩이 4개나 밀집되어 있어 점심시간과 저녁시간대에 항상 수요가 넘쳤고, 주변의 적은 식당수는 늘 붐비는 식당으로 자리를 잡을 수 있는 요인으로 작용했다.

이와 같은 경우는 수요에 비해 공급이 절대적으로 부족한 지역이다. 이런 지역에서는 권리금이 많이 붙어 있는 기존의 식당자리를 물색하기보다는 현재 다른 업종을 하고 있는 점포를 인수하여 식당으로 개조한 후 창업하는 것이 좋다. 예상보다 적은 금액을 들여 성공적인 식당을 창업할 수 있기 때문이다. 실제로 이 지역에서 기존의 약국자리를 인수하여 일본식 돈까스 전문점을 창업, 성공한 사례가 있다.

이처럼 식당자리를 물색할 때는 꼭 식당이 밀집해 있는 먹자상권만을 고집할 필요는 없다. 주변의 수요와 공급을 파악한 후 수요에 비해 공급이 부족한 지역으로 판단되면 다른 업종의 점포라도 과감하게 도전해 보는 것도 좋은 방법이다.

종로 돈카스 김대호 사장은 주변에 사무실이 밀집해 있으면서도 경쟁업소가 없는 틈새를 이용, 기존의 약국자리를 인수하여 돈까스 전문점을 창업하였다. 7평의 작은 매장이지만 주요 점심 고객층을 정확히 잡았고, 주변의 보석상들이 점심을 배달로 해결하는 것에 창안 포장음식과 배달로 매출을 증가시켰다.

10. 점포의 결정 - 매출한계선을 계산해 보라

초보창업자가 사무실 밀집지역의 점포를 결정할 때, 점포를 소개하는 부동산이나 사장의 말만 믿고 점포를 계약했다가 낭패를 보는 경우가 있다. 며칠 동안 영업상황을 지켜보고 나서 계약하고 영업을 시작했는데도 예상만큼 수익이 오르지 않아 당황을 하게 되는 것이다. 이런 일이 생기는 것은 사무실 밀집지역의 점포를 결정할 때 꼭 챙겨봐야 할 요소를 빠뜨리고, 단순히 점심시간이나 저녁시간에 손님이 붐비는 것만을 보고 수익을 예상했기 때문이다.

일반적으로 사무실 밀집지역의 점포는 영업일수와 시간이 명확하게 정해져 있어 해당 점포의 매출 한계선이라는 것이 있기 마련이다. 어떤 점포의 매출 한계선을 알아보는 방법은 그 업소의 평균객단가 × 좌석수 × 평균회전율 × 영업일수 × 좌석점유율(80%)을 하게 되면 이 업소의 월평균 매출이 산출된다. 여기에서 재료비, 인건비, 일반 관리비를 제하면 순수익이 나오게 되는데 이 순수익을 기준으로 점포를 결정해야 한다. 예상 순수익이 투자금액에 비해 만족스러우면 점포를 결정하고 그렇지 않다면 과감하게 점포를 포기해야 한다.

단순하게 장사가 잘되는 것 같다는 이유만으로 계약해서는 안 되며 내가 노력해서 매출을 더 올리겠다고 하는 것은 잘못된 생각이다. 업종 자체를 변경하여 창업을 하는 경우에도 마찬가지이다.

또 하나는 사무실지역의 점포의 경우 업주가 자주 바뀌거나 시설 등을 자주 하면서 권리금이 터무니없이 높이 책정되어 있거나 월세가 높은 경우가 있으므로 주의해야 한다.

사무실 밀집지역의 점포를 계약할 경우에는 먼저 매출한계선을 충분히 따져보고 그 수익에 따라 점포를 결정해야 한다.

꼼꼼히 살피자! 실전 창업 체크 포인트

매출한계선을 계산해 보자

매출한계선을 고려하지 않고 저렴한 가격으로만 승부하려 했던 사례가 있다. 10평 점포의 실내 포장마차를 열면서 900원대의 꼬치 안주가 있을 정도로 저렴한 가격으로 인근 술손님을 다 끌어모으려 했던 것이다.

틀린 생각은 아니었지만 매출한계선을 파악했더라면 그렇게 무모한 시도는 하지 않았으리라. 일반적으로 술집의 경우 평균 체류시간이 1시간 40분, 따라서 하루 1.5회전~2회전이 최대회전율이다.

이 집의 경우 가격을 워낙 싸게 매기다 보니 2~3명의 손님이 소주 2~3병과 함께 안주를 먹어도 1인당 객단가는 약 7천 원밖에 안나온다. 1인당 7,000원 객단가에 좌석수 17좌석의 80%를 최대의 수용인원으로 보고 하루 1.5회전율을 적용해 보면 최대 매출액이 나온다.

17좌석 × 최대 수용률(80%) × 7,000원(1인당 객단가) × 1.5회전으로 계산해 보면 하루 최대로 팔 수 있는 금액은 기껏해야 15만원이다.

하루 15만원 팔면 한 달 매출이 450만원이고 인건비 1백 만원, 임대료 120만원, 가스·전기·수도 등의 비용 30만원, 식재료 비용 130만원을 제하면 잘 해야 70만원이 남는다.

이 집 사장의 경우 매일 매일 손님으로 꽉 채워야 하고 그렇게 고생해도 들어오는 수입에는 한계가 있을 수밖에 없는 것이다.

가계를 계약하기 전에 이런 매출한계선을 미리 뽑아 보았다면 이와 같은 일은 시도하지 않았을 것이다.

11. 점포를 계약하기 전 무엇을 체크해야 하는가?

건축

벽면에 균열이나 누수의 흔적이 있는가?	☐ 있다 ☐ 없다
벽면 상태는 깨끗한가?	☐ 깨끗하다 ☐ 도색이 필요하다
건물의 안전에는 문제가 없는가?	☐ 있다 ☐ 없다
재개발 또는 재건축의 계획이 있는가?	☐ 있다 ☐ 없다
공법상, 허가상 해당 물건의 이용 제한 및 거래 규제에 관한 사항은 있는가?	☐ 있다 ☐ 없다
주차장은 있는가?	☐ 있다(약 대, 유료/무료) ☐ 없다
업종을 변경해도 문제는 없는가?	☐ 있다 ☐ 없다
반경 1킬로 이내에 혐오시설이 있는가?	☐ 있다 ☐ 없다

시설과 설비

시설을 한 지 몇 년이 지났나?		(년)
본 업소에서 몇 년을 장사했는가?		(년)
시설을 한 후 재보수는 했는가?		☐ 했다 ☐ 하지 않았다
현재의 시설에 바로 장사를 시작할 수 있는가?		☐ 있다 ☐ 없다
건물주가 권리매매를 묵인하는가?		☐ 묵인한다 ☐ 묵인하지 않는다
새로운 시설을 하는 데 문제는 없는가?		☐ 있다 ☐ 없다
기존 시설이나 권리부분에서 법적 저촉을 받거나 허가를 받지 않은 부분이 있는가?		☐ 있다 ☐ 없다
하고자 하는 업종을 건물주가 규제하지 않는가?		☐ 규제한다 ☐ 하지 않는다
수도	주방:(개) 기타:(개)	☐ 잘 나온다 ☐ 잘 나오지 않는다
소방시설	소화전:(위치-) 비상벨:(위치-)	☐ 있음 ☐ 없음 ☐ 있음 ☐ 없음
열공급	종류 시설작동	☐ LPG ☐ 도시가스 ☐ 기름 ☐ 양호 ☐ 불량

주변환경

도 로	도로종류	(미터, 도로: 차선)
	이면도로일 경우 접근성은 용이한가?	☐ 용이 ☐ 용이하지 않음
대중교통	주변에 버스정거장이 있는가?	☐ 있음 ☐ 없음
	주변에 지하철역이 있는가?	☐ 있음 ☐ 없음
주변시설	학교나 기타 공공시설이 있는가?	☐ 있음 ☐ 없음
	사람이 모일 만한 큰 시설이 있는가?	☐ 있음 ☐ 없음

임대계약 및 보증금, 비품

임대 계약	임대인에게 영업권 양도계약을 통보했고 임대인이 허락했는가?	☐ 임대인의 동의가 있었다 ☐ 임대인이 동의하지 않았다
	임대기간 연장에 제약은 없는가?	☐ 있다 ☐ 없다
	임대 만료 후 재계약은 가능한가?	☐ 가능하다 ☐ 확신할 수 없다
임대 계약	임대료는 현행대로 유지되는가?	☐ 유지된다 ☐ 변동이 있다
	관리비는 얼마인가?	(평당 원)
	부가세는 내고 있는가?	☐ 내고 있다 ☐ 내지 않는다
	임대차 계약은 누가 하는가?	☐ 주인 ☐ 관리인
	보증금 · 월세의 조정은 가능한가?	☐ 가능하다 ☐ 가능하지 않다
	임대차 계약과 허가증 명의는 동일인인가?	☐ 동일인이다 ☐ 동일인이 아니다

비품 및 보증금	압류나 가처분 금지 등 비품 양도에 제약이 된 부분이 있는가?	☐ 있다 ☐ 없다
	비품 중 빼야 할 것 또는 임대하고 있는 것이 있는가?	☐ 있다 ☐ 없다
	보증금 중 월세를 못내 가감된 금액은 있는가?	☐ 있다 ☐ 없다
	체인점 가맹 보증금을 낸 적이 있는가?	☐ 있다 ☐ 없다
	공시되지 않은 중요 시설 및 비품이 있다면 무엇이고 그 소유권 문제는?	
기타 권리 사항	회원제 및 선금을 받아 운영하는 부분이 있다면 어떻게 정리할 것인가?	
	위의 사항에 열거하지 못한 법적 또는 이외의 권리가 있는가?	
	해당 업소의 권리를 소유함에 따라 내야 할 조세는?	

양도인	주　소	전화번호	
	주민등록번호	성　명	㉑
양수인	주　소	전화번호	
	주민등록번호	성　명	㉑

12. 예상 매출액, 어떻게 파악하는가?

　　예상 매출액에 비해 임대료가 터무니없이 비싼 가게를 얻으면 아무리 열심히 장사를 해도 임대료 내고 나면 남는 게 없다. 좌석수를 모두 채운다 해도 계산이 나오지 않는다.

　　강남의 뱅뱅 사거리 사무실 지역의 뒷편에 15평 규모의 칼국수집이 있다. 국물 맛이 맛있다고 널리 알려져 있고 1년 정도 지났으니 자리도 잡혔다. 점심 때는 17만원 정도의 매상을 올린다. 좌석은 36개, 가격은 4,000원이므로 약 1.5회전율을 기록한 셈이다. 유동인구도 없고 오직 짧은 한 시간 동안 직장인 상대로 하는 영업이라는 점을 감안하여 1.5회전율이라면 팔 만큼 판 것이다. 부진한 저녁 매출을 합하면 하루 매출은 20~25만원이다.

　　이 사장은 칼국수가 맛있다는 소리를 들으며 장사를 그런대로 잘 함에도 불구하고 수익이 없어 쩔쩔매고 있다. 왜냐하면 150만원의 월 임대료를 내면 가져가는 것이 없기 때문이다. 월 매출은 하루 20~25만원씩 25일(일요일은 전혀 안 됨)을 계산하면 550만원 정도이다. 식재료비 120만원, 인건비 180만원, 월 임대료 150만원, 가스·전기 광열비·수도비 등 30만원을 제하고 나면 약 70만원의 순이익이 생긴다. 결국 열심히 장사해서 가게 주인에게 임대료로 모두 갖다 바치는 셈이다.

위의 사례에서 보듯이 계약 전에 예상 매출을 뽑아 보고 그 수익성을 판단한 다음, 최종 계약 여부를 결정해야 낭패를 없앨 수 있다.
예상 매출액을 파악하는 방법은 3가지가 있다.

첫째는 앞서 사용했던 일반적인 방법으로서 좌석수(좌석수의 80% 적용)에 평균 객단가를 곱하고 회전율을 곱하면 매출액이 나온다. 평균 객단가는 한 사람이 한 번 와서 먹는 평균 음식 가격을 적용하면 된다. 회전율은 상권에 따라 약간씩 차이가 있지만 점심은 1~2회전, 저녁은 1~1.5회전이면 최고의 회전율이다. 직장인 상권이라면 점심은 1~1.5회전이 최고이고, 유동인구가 많은 곳이라면 2~3회전도 가능하므로 상권에 따라 추정해서 적용하면 된다. 이 방법은 최선의 경우를 가정해서 매출액 추정을 하게 되므로 지나치게 낙관적인 수치가 나올 가능성이 크다.

두번째는 상권 조사에 의한 방법이다. 창업하고자 하는 음식점의 해당 상권 인구수(상주 인구와 배후 인구수), 그 음식을 먹는 월 횟수(갈비 같은 경우 월 1.7회로 조사됨), 그 음식의 평균 객단가를 곱하고 상권 내 같은 음식을 취급하는 음식점의 평수를 나누면 평당 월 매출액이 나온다. 이 평당 매출액에 내가 창업하고자 하는 점포의 평수를 곱하면 월 예상 매출이 나온다. 이 방법은 해당 상권의 인구수와 경쟁 점포 파악, 그 음식을 먹는 횟수 등에 대한 조사나 자료가 정확해야 신뢰성 있는 매출액 자료가 나온다.

세번째 방법은 유사한 경쟁 음식점의 매출 파악에 따른 추정이다. 두

번째 방법보다 훨씬 더 간편하고 비교적 정확하게 추정할 수 있는 방법이다. 즉 상권 내 두 군데 이상의 경쟁 점포 매출액을 파악하는 방법이다. 시간대별, 요일별로 약 3일 정도 내점객 수를 파악해서 평균 객단가를 곱하면 월 매출액이 비교적 정확하게 나온다. 이를 점포 평수로 나누면 평당 매출액이 나오고 이 평당 매출액에 내가 창업하고자 하는 점포의 평수를 곱해 주면 예상 매출액을 뽑을 수 있다. 물론 이 방법은 음식점 창업자의 주관적 역량을 고려하지 않고 상권 내 평균수준의 예상 매출액을 뽑았기 때문에 창업자의 능력과 노력 여하에 따라서는 더 높은 수준의 매출액도 달성 가능하다.

이렇게 추정한 월 예상 매출액에서 식재료 비용(매출액의 20~40% 수준), 인건비(20% 수준), 관리비(5% 수준)와 임대료를 제하면 예상 수익이 산출된다. 지나치게 비싼 임대료와 낮은 객단가의 음식점일 경우는 장사가 아무리 잘 되도 남는 게 없는 장사가 될 수 있으므로 계약 여부를 재검토하거나 아이템 혹은 가격을 다시 고려해야 한다.

13. 음식점이 자리잡는 데 얼마나 걸릴까?

어떤 음식점은 개점하자마자 손님들이 바글바글대는 집이 있다. 반면 어떤 집은 새롭게 오픈하고 나서도 1개월이 지나고 2개월이 지나도 여전히 썰렁하다. 그러다가 6개월이 지나서야 손님이 몰리는 경우도 있다. 어떻게 개점하느냐에 따라서 썰렁하기도 하고 손님이 많기도 하지만 기본적으로 음식점이 자리잡는 데는 일정한 기간이 필요하다. 자리잡힌 집은 매출이 거의 일정하지만 자리잡히지 않은 집은 들쭉날쭉하다. 지금 장사가 잘 되고 있는 집이 처음부터 잘 된 것은 아니다.

음식점이 자리잡는 데 필요한 일정 기간을 염두에 두지 않아서 어려움을 겪는 경우가 종종 있다. 창업해서 자리잡힐 때까지 필요한 비용을 준비하지 못했기 때문이다. 어떤 사장은 1억원 이상을 들여 설렁탕 전문점을 창업했으나 초기 운영경비가 부족한 채 오픈했다. 개점하면 바로 수익이 생길 거라 생각했으나 의외로 고전했다. 인테리어 시설도 좋고 맛도 좋다는 평판도 얻고 점점 나아지고 있음에도 불구하고 결국은 1~2개월을 견딜 여력이 없어 헐값에 팔아 넘길 수밖에 없었다고 한다.

대체적으로 음식점이 자리잡히기까지는 약 3개월은 걸린다고 한다. 일반적으로 맞는 말이다. 하지만 음식점에 따라 더 빠른 시일 내에 자리잡는 곳도 있고 아니면 더 오랜 기간이 걸리는 곳도 있다. 식사 위주의 음식점인 돈까스 전문점, 백반집, 설렁탕, 칼국수 등과 같은 자주 먹는 음식점은 자리잡는 데 1~3개월 걸린다. 특히 이런 점심 위주의 음식점이 오피스 상권에 자리잡았을 때는 1개월 만에 바로 승부가 나는 편이다. 이런 점심 위주의 음식점에서 술과 함께 먹을 수 있는 저녁 메뉴를 취급하면 이 메뉴가 자리잡기까지는 3개월이 넘게 걸리는 경우가 많다.

저녁 술손님 위주의 횟집, 갈빗집, 생고깃집 등은 식사 위주의 음식점보다 자리잡는 데 시간이 더 많이 걸린다. 6개월 이상이 걸리기도 한다. 그만큼 사람들은 쉽게 단골술집을 바꾸지 않기 때문이다. 오리 전문점을 운영하는 사장은 지금 매일 50만원 정도의 매출을 올리지만 오픈 후 4개월까지는 한 푼도 팔지 못하는 날이 있을 정도로 들쭉날쭉했다고 한다. 이렇게 어쩌다 한 번씩 먹는 음식이나 비싼 음식, 혹은 개고기 등 보신식과 같은 특정층이 즐겨 먹는 음식점도 자리잡는 데는 많은 시간이 필요하다.

실크 생고기를 취급하는 '푸른목장' 사장은 실크 생고기가 아무리 맛있을지라도 상대적으로 생소한 음식이라는 점 때문에 자리잡기까지 1년이 걸렸다고 한다. 생소한 음식일수록 그만큼 시간이 더 걸린다. 처음 오픈해서 자리잡기까지는 매출이 들쭉날쭉하여 밥이나 야채 등 버리는 식재료도 많다. 아깝다고 전 날 썼던 식재료를 다시 쓰면 맛이 떨어지므로 쓰지 말아야 한다. 일정한 매출 규모로 자리잡히기 전까지는 원가도 높아지고 버리는 것도 많아 정상적으로 수익을 챙길 수 없는 것이 자연적인 현상이다.(어차피 팔리지 않아 버릴 것이라면 차라리 손님에게 퍼 주는 것이 더 낫다는 얘기는 여기에서도 입증된다.)

따라서 음식점이 자리잡기까지는 매출도 많지 않고 식재료 원가는 높아지는 등의 어려움과 한 푼도 팔지 못할 수도 있는 상황, 그리고 자리잡히기까지의 기간을 미리 예상하여 여유자금을 준비하는 것이 필요하다.

14. 음식점의 이름을 짓는 원칙이 있을까?

음식장사도 '이름'이 튀어야 잘 되는 시대다. 하지만 막상 창업을 하려는 초보자들에겐 이름짓기가 말처럼 쉬운 일은 아니다. 어떤 간판을 내걸어야 손님에게 강렬한 인상을 심을 수 있을까? 돈 잘 버는 브랜드 만드는 비결은 없을까? 음식점 이름을 짓는 데 필요한 몇 가지 원칙과 발상법을 소개한다.

■ 첫째, 음식점의 컨셉이 담긴 이름을 짓는다.

내 가게만의 차별화 전략이나 장점을 이름에 넣는다. '깨끗한 집', '친절한 집', '양 많고 싼 집' 등 나름대로의 영업 전략을 세운 뒤 기본 컨셉을 이름에 반영한다. 「아침이슬 먹은 소」(갈비 전문점), 「싱싱해(海) 싱싱어(漁)」(횟집), 「모아밀터」(메뉴가 다양한 분식집), 「큰 손 보쌈」(양 많은 보쌈집) 등이 좋은 예이다.

■ 둘째, 맛깔을 보여 주는 표현을 쓴다.

음식과 관련된 오감의 표현을 동원하면 한 번 먹어 보고 싶은 욕구를 불러일으키게 된다. 「보글보글」(찌개 전문점), 「깨솔솔 김밥」(김밥 전문

점), 「와우보쌈」('와' 입을 벌리고 '우물우물' 맛있게 보쌈을 먹는 모습을
표현) 등이 있다.

■ **셋째, 내 이름을 내세워 본다.**

칼국수 전문점인 「김철 1080」과 「허가손맛」, 버섯요리전문점 「임사남
의 버섯마당」, 「송광호 철판요리」 등처럼 상호에 주인의 이름이 들어 있으
면 그 분야의 '대가'라는 이미지를 줄 수 있다.

■ **넷째, 음식의 원재료나 조리법을 강조한다.**

돈까스 전문점인 「돈&까」, 고추장 양념 돼지고깃집 「돼지가 고추장에
빠진 날」, 스파게티 전문점 「뽀모도로」(스파게티 주원료인 토마토의 이탈
리아어) 등이 대표적인 예이다.

■ **다섯째, 그 음식점을 주로 이용하는 고객의 감각과 시대감각에 맞는 이름을 짓는다.**

갈빗집에는 30~40대에 맞게, 학교 앞 분식집에서는 10대에 맞게, 스
파게티 집에서는 20대 여성고객에 맞게 지어야 한다. 여고 앞 분식집 이름
으로 한솔분식이나 海光횟집과 같은 구태의연한 한자이름은 고객감각과
시대감각에 맞지 않는다. 신세대 대상인 음식점인 경우는 과감히 외래어
나 외국어를 감각적으로 써도 무방하다. 「배꼽시계」(학교 앞 분식집), 「웃
자돼지」(서민 대상 삼겹살 전문점), 「라꾸라꾸」(일식 돈까스 전문점) 등이
좋은 예이다.

되는 장사는 이름부터 달라

날로 경쟁이 치열해지고 있는 창업시장에서 핵심전술은 마케팅. 마케팅의 기본도구는 브랜드다. 개성 있는 상호에 제품의 특성을 살린 이름을 짓는 것이 가게의 첫인상을 좌우하기 때문에 리노베이션을 하는 경우에도 '이름'을 바꾸는 것부터 시작하는 경우가 많다.

핵심을 간판에 올려라

회전율을 높여 단일메뉴로 승부하거나 성장기에 있는 아이템의 경우 아예 '메뉴'를 간판에 올리는 것이 좋다. 스파게티 전문점 '토마델리'는 원재료인 토마토소스가 강조된 케이스. '게향'은 고급스런 이미지와 함께 게요리 전문점임을 부각시켰다. 일반주점이나 음식점도 구체적인 메뉴를 브랜드네임으로 선정하면 시선을 끌 수 있다. '꼼돌이와 쭈순이'(실내 포장마차), '고기신랑 버섯각시'(버섯요리 전문점), '메기대왕 잉어공주'(민물매운탕집) 등이 있다.

컨셉을 전달하라

10대와 20대를 공략하기 위해서는 차별화한 이미지를 부각시키는 것이 좋다. 호프나 레스토랑 등 인테리어가 중요한 업종이 해당한다. 호프집 '정글호프'와 'TV파크' 등은 독특한 내부를 강조한다. 최근 공상과학영화(SF) 장식이 유행하는 테마노래방의 경우에도 이 점을 최대한 활용하는 것이 좋다. '스페이스 워', '테크노 SF 노래방' 등이 그 예이다.

최고의 브랜드

사람이름을 활용하면 '맛의 비법'을 갖춘 전문가의 인상을 줄 수 있다. '배서방' '번칠이네 숯불바비큐'와 같은 경우 친근함이 강조되고 '이준희 치킨', '김국환 베이커리' 등 석자를 모두 쓰면 신뢰도가 높아진다. '제주본가 솥뚜껑 삼겹살', '마산 오동동 아구할매집', '꿈에 본 춘천집'과 같이 원산지명을 활용하면 '원조'의 냄새를 풍길 수 있다.

재치 있는 이름을 활용하자

조금 가볍지만, 말장난을 활용한 이름은 한 번만 들으면 쉽게 잊어버릴 수 없다는 장점이 있다. '웃음꼬치 활짝'(꼬치구이 전문점)이나 '바스락 바지락'(바지락 칼국수집), '떴다 돼지 나는 갈매기'(고깃집). '도야지촌 포그네'(삼겹살 전문점) 등이 있다.

맛깔컨설팅의 이상화 소장은 "잘 지은 이름 하나는 수천장의 전단지배포와 같은 효과를 갖는다"며 "이미지, 독특성을 살려 장기적으로는 독점적인 브랜드효과를 노려야 한다."고 말했다.

- 한국일보 2001년 2월 19일자

15. 상호에 메뉴명을 넣은 경우와 넣지 않은 경우의 차이점은?

진국 설렁탕, 초원 갈비, 김가네 칼국수, 종로 돈까스 등 이름만 보아도 어떤 메뉴를 취급하는지 바로 알 수 있는 음식점이 있다. 반대로 '새벽시장, 큰 집 가든, 보은회관, 모아밀터, 보글보글, 푸른목장' 처럼 메뉴명이 바로 드러나지 않는 상호들도 있다.

어떤 상호가 더 좋을까? 메뉴가 들어간 상호가 좋을 수도 있지만 상권이나 상황에 따라서는 메뉴를 드러내지 않은 음식점 이름이 유리한 경우가 있다. 메뉴가 들어간 음식점 상호는 전문 메뉴를 취급하는 경우, 아이템이 성장기 단계에 있는 음식점의 경우, 회전율이 강조되는 단일메뉴의 음식점일수록 상대적으로 아이템을 강조해야 하기 때문에 메뉴명이 들어가는 것이 좋다. 하지만 다양한 메뉴를 취급하는 음식점이나 전문메뉴를 파는 음식점이기는 하나 다른 메뉴도 소홀히 할 수 없을 경우, 즉 식사 위주의 메뉴를 다루는 음식점에서 술손님을 유치하고자 하는 경우에는 메뉴명이 들어가지 않는 것이 좋다.

사례를 통해 살펴보기로 하자.

대로변의 큰 규모의 설렁탕 전문점을 개점할 거라면 한 가지만으로 회전율 위주의 영업이 가능하다. 이때는 '맛깔 설렁탕'과 같이 메뉴명이 들어가는 것이 좋다. 그러나 회전율을 충분히 올리는 상권보다는 저녁에 갈비와 수육을 함께 취급해야 하는 먹자골목 상권의 설렁탕집이라면 '맛깔마을'과 같이 메뉴명이 들어가지 않는 것이 좋다. '설렁탕'이 들어간 이름만으로는 갈비와 같은 저녁메뉴를 잘 파는 음식점으로 자리잡기까지는 많은 시간이 필요하다.

마찬가지로 칼국수집도 똑같이 적용된다. 칼국수 집의 고민은 저녁 장사이다. 물론 저녁 매출에 크게 신경쓰지 않을 정도의 회전율이 받쳐 주거나 대형 음식점이라면 '맛깔 칼국수'가 좋다. 그러나 별도의 저녁 메뉴를 보완해서 매출을 유지해야 하는 칼국수 집이라면 '맛깔 집'으로 이름을 짓는 것이 훨씬 낫다. 만약 '맛깔 칼국수'로 이름을 짓는다면 술과 함께 먹을 수 있는 다른 메뉴가 있을지라도 선뜻 들어가지 않기 때문이다.

또 하나의 사례를 보자. 돈까스 전문점에서 '돈&까'라고 이름을 붙여 놓고 저녁 안주 메뉴와 호프를 취급해도 통 매출이 오르지 않았으나, '미르'로 이름을 바꾸었더니 저녁에도 맥주를 마시러 오는 사례를 보면 알 수 있다.

역삼동에서 일본식 돈까스 전문점 '돈&까'를 차린 김○○사장은 상대적으로 약한 저녁 매출을 올리려고 돈까스 안주에 호프까지 취급했지만 돈까스 전문점으로서의 이미지만 흐려졌다. 고민 끝에 바꾼 것이 상호. 기존의 돈&까를 '미르'로 바꾸어 점심과 저녁 손님을 모두 잡는 효과를 보았다. 그러나 이와 같은 문제는 해당 음식점 상권의 특성에 따라 신중히 결정해야 한다.

　이와 같이 음식점 상호 속에 메뉴명이 들어갔는지 들어가지 않았는지에 따라 매출액에 차이가 있다. 주메뉴명을 음식점 이름에 넣고 안 넣고의 문제는 간단히 생각할 문제가 아니라 해당 음식점의 상권에 따른 영업 전략을 감안해서 결정해야 한다. 물론 메뉴명이 음식점 상호 속에 들어가지 않더라도 이 음식점은 어떤 어떤 메뉴를 취급하는지의 표기는 간판에 들어가는 것이 당연하다.

16. 장사가 안 돼 이름을 바꾸려면?

칼국수 전문점은 일반적으로 ○○○칼국수라는 식의 상호를 많이 붙인다. 이렇게 전문점으로 오픈하여 초기에는 장사가 좀 되는가 싶다가도 어느 정도 시간이 지나고 나면 매출이 떨어지는 점포가 많다. 요즘은 칼국수 전문점들이 신도시를 중심으로 대형화되는 경향이 뚜렷하여 중소규모의 칼국수 전문점을 운영하는 점포의 사장들이 매출부진을 호소하는 경우가 많다.

특히 저녁매출이 부진한데 매출을 올리기 위하여 이런저런 메뉴를 추가해 보지만 일손만 번거로워질 뿐 여전히 수익이 별로 없다. 이런 경우에는 칼국수 전문점이란 간판 자체에 문제점이 있기 때문에 메뉴를 몇 가지 추가한다고 해서 쉽게 매출이 오르지 않는다.

이럴 때는 상호를 새로 바꾸어 보는 것도 생각해볼 만하다. ○○○칼국수 전문점이란 상호 대신 '○○손맛', '○○○家'와 같이 음식점을 나타내면서도 맛깔스런 상호로 변경하고 기존의 칼국수 메뉴를 상호 아래에 표기해 넣는다. 이 방법은 기존의 칼국수 고객을 잃지 않으면서도 새로운 고객을 창출하는 효과를 볼 수 있다. 그리고 저녁메뉴는 주로 술안주를 할 수 있는 싸고 푸짐한 메뉴나 아주머니 고객들이 즐길 수 있는 메뉴를 취급하는 것이 좋다.

중요한 것은 상호를 변경할 때 기존의 상호와 연관이 있는 이름을 짓는 것이 좋다.

예를 들어 "시골 손칼국수 전문점"은 "시골집", "이가 바지락칼국수"는 "이가 손맛"과 같이 전혀 새로운 이름보다는 예전의 상호와 연관이 있는 이름을 쓰는 것도 단골 고객을 유지하는 한 방법이다.

또한 실내나 상호에도 새로 취급하는 메뉴의 맛깔스런 사진이 잘 보이도록 부착해 놓거나, 간판에도 칼국수뿐 아니라 새로 취급하는 메뉴의 사진을 추가해 넣는 것이 좋다.

홍보전단은 새로 제작해서 뿌리거나 초대권, 시식권 등을 만들어 주변에 배포함으로써 한 번 먹어보게 하는 것이 좋다. 무엇보다도 상호를 변경하고 메뉴를 추가하여 재오픈을 할 경우에는 장사가 안 되서 어쩔 수 없이 메뉴를 추가하는 것처럼 보여서는 안 된다. 제대로 준비하고 제대로 홍보하여 새로 영업을 시작하는 날부터 사람들이 바글바글하도록 하는 것이 무엇보다 중요하다. 그래야 기존의 칼국수와 더불어 새롭게 추가한 메뉴가 맛있는 메뉴로 고객들에게 인식될 수 있다.

방배동에 있는 쌈밥집 구산회관, 유기농으로 재배된 야채쌈을 농장에서 직접 재배하여 식탁에 올린다. 상차림과 정성에 비해 매출은 그리 높은 편이 아니었지만 상호를 '맛깔 상차림'으로 바꾸자마자 하루 매출이 30~40만원씩 증가하는 '대성공'을 거두었다.

해도 해도 안 될 때는 이름을 바꿔라!

성경의 인물 중에서 깨달음으로 거듭나서 새 사람이 되었을 때 이름까지도 바뀐 사례가 있다. 예수 박해자 사울은 예수의 열렬한 증거자 바울 사도로, 야곱은 이스라엘로, 어부 시몬은 예수의 수제자 베드로로 거듭나면서 이름이 바뀐 경우이다. 즉 새로운 이름 아래 새로운 사람으로 변화되어 새로운 역할을 했던 이들이다.

기존의 가게가 회생불능일 때 죽어가는 가게를 살리기 위해 이름을 바꾸는 것도 좋은 방법이다. 기존의 이름 아래 쌓여진 이미지로는 아무리 메뉴를 바꾸고 맛을 좋게 해도 이미 한 번 박힌 부정적 이미지를 씻어버리기가 쉽지 않다.

이럴 때 이름을 바꾸면 기존의 부정적 이미지를 벗어버리고 새로운 이미지를 심을 수 있다. 헌옷에 새옷 천을 꿰매도 천이 떨어지는 것처럼 새 술은 새 부대에 담듯 새로운 이미지는 새 이름으로 출발하는 것이 효과적이다.

죽어 가는 가게를 활성화시키는 방법으로 이도저도 안 될 때 이름을 바꿔 활성화시키자.

차별화 전략이 성공의 지름길

음식점 창업과 운영의 성공 포인트

17. 음식점 창업자가 알아야 할 세무상식

음식점 사장들은 막상 창업하고 나면 세무업무를 소홀히 하는 경우가 많은데, 요즘은 신용카드 사용의 활성화로 세금을 제대로 내지 않으면 왕창 물어야 하는 경우가 생긴다. 사업을 처음 시작하는 사람은 먼저 세무서에서 사업자 등록증을 교부 받고, 때에 맞추어 부가가치세와 소득세를 신고·납부해야 한다.

■ 사업자 등록

사업을 시작한 날로부터 20일 내에 세무서에 사업자 등록 신청서를 작성하여 제출한다. 사업자 등록번호는 주민등록번호와 같이 한 번 부여받으면 평생을 사용한다. 사업장을 빌렸을 때는 집주인의 주민등록번호를 기재하고 음식점 허가증 사본 1부를 같이 제출한다.

- 신청기관 : 관할 세무서
- 구비서류 : 사업자 등록 허가 신청서 1통, 영업 허가증 양면 사본, 주민등록 등본, 임대차 계약서 사본, 주민등록증, 도장

■ 부가가치세 신고

부가가치세 납부자는 1년 동안의 매출 규모가 4천 8백 만원 이상이면 일반 과세자, 4천 8백 만원 미만은 간이과세자에 해당한다.

일반 과세자는 1년 중 1월, 4월, 7월, 10월 4차례에 걸쳐 사업장 관할 세무서에 신고·납부해야 한다. 간이과세자는 1년에 1월과 7월 2차례만 신고 납부하면 된다.

- 일반과세자 세액 : 매출액 × 10% (매출세액) – 매입시 부담한 세액(매입세액)
- 간이과세자 세액 : 매출액 × 업종별 평균 부가가치율(25%) × 10%(매출세액)

신고서는 사업실적을 토대로 사업자 스스로 작성해 직접 세무서에 제출하거나 우편으로 보낸다. 부가가치세를 신고할 때는 매출처별 세금계산서 합계표와 매입처별 세금계산서 합계표를 함께 제출한다.

■ 세금계산서 교부

거래할 때에는 반드시 세금계산서를 주고받아야 한다. 빨간색 매출 세금계산서는 물건을 판 사람이 작성·보관하고, 파란색 매입 세금계산서는 물건을 산 상대방에게 준다. 물건을 살 때 세금계산서를 받으면 그 세금계산서에 적힌 부가가치세를 신고할 때 매출세액에서 공제받을 수 있기 때문에 빠짐없이 보관한다. 일반 사업자인 신용카드 가맹 사업자가 떼 주는 신용카드 매출전표도 세금계산서와 마찬가지의 공제혜택을 받을 수 있다. 매출전표 뒷면에 물건을 산 사람의 인적사항과 부가가치 세액을 구분해 표시하고 서명 날인해 받으면 된다.

■ **소득세 신고**

1년에 한 차례 소득세를 신고·납부해야 한다. 1월 1일~12월 31일의 연간 소득에 대한 소득세를 다음 해 5월 1일~31일 주소지 관할 세무서에 신고·납부한다.

소득세는 사업별로 정하고 있는, 일정규모 이상의 사업자와 그 미만 사업자에 따라 신고방법을 달리하고 있는데, 음식업자는 연간 총 수입금액이 1억 5천 만원 이상일 때에는 기업회계기준 등에 의하여 장부 및 증빙서류를 비치·기장하여야 하고, 이를 근거로 표준재무제표와 합계잔액시산표 및 조정계산서를 작성하여 소득세신고서에 첨부한다.

연간 매출금액이 1억 5천만원 미만인 사업자는 간편장부 등에 의하여 실제 소득을 신고하거나 장부 등이 없으면 표준소득률에 의해 추계된 소득을 신고한다.

■ **소득금액 계산**

장부기장자: 소득금액＝연간총수입금액 － 필요경비

장부무기장자: 소득금액＝연간총수입금액 × 표준소득률

■ **간편장부 기장자에 대한 혜택**

산출세액의 10%세액 공제(연간 100만원 한도)

일정기간 세무조사 면제 및 세무간섭 배제

기장을 하지 않으면 가산세 부과 및 세무조사 등 제재조치(연간 수입금액 4,800만원 미만 사업자 제외)

18. 음식점 영업신고 체크사항, 어떤 절차를 거칠까?

음식점 영업이 허가제에서 신고제로 바뀌어 음식점 영업신고절차를 밟아 영업해야 한다. 신고절차는 다음과 같다.

■ 영업신고 신규신청시 구비서류

식품영업 신고 신청서

건축물 관리대장 등본

영업시설 개요(서식의 뒷면에 객장과 주변이 구획된 평면도를 약식으로 기재한다)

위생교육 필증(한국음식업 중앙회에서 발급받는다))

도장 및 주민등록증

■ 영업 승계시 구비서류

양도자 영업신고증 원본

양도 양수서(양식에 양도자 인감도장 날인, 서류는 해당구청 민원실에 비치)

양도자 인감증명서(명의 변경용)

영업자 지위승계신고서

위생교육필증(신규사업자)

■ **영업허가 변경시**

신고사항 변경신고서

영업신고증

영업시설의 변경 내역서(변경시)

■ **영업신고증 재교부**

신고증 재교부 신청서

사유서(분실 사유)

훼손된 허가증(훼손시)

■ **휴업, 재개업, 폐업 : 영업신고증, 폐업, 휴업, 재개업신고서**

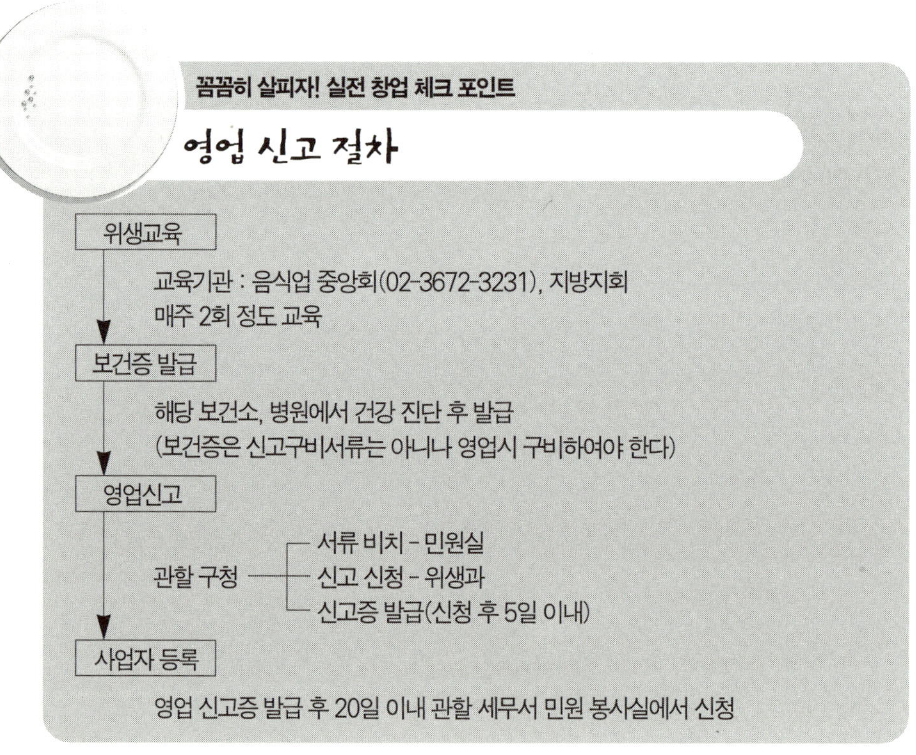

19. 개업 전에 반드시 체크해야 할 것은?

행정 및 영업신고부분 체크리스트

체크리스트	체크	개선할 사항
영업 허가증은 발급받았는가?	☐	
간판 허가증은 발급받았는가?	☐	
보건증은 발급받았는가?	☐	
영업신고증, 조리사면허증은 외부에 붙여 놓았는가?	☐	

관리부분 체크리스트

체크리스트	체크	개선할 사항
물수건, 마른수건, 재떨이 등의 비품은 지정된 장소에 있는가?	☐	
주문지, 영수증 등의 비품은 준비되었는가?	☐	
금전등록기의 작동 여부는 확인해 보았는가?	☐	
잔돈은 충분히 준비해 두었는가?	☐	
각종 신용카드사에 가맹되어 있는가?	☐	
카드 조회기의 작동 여부는 확인해 보았는가?	☐	
영수증에 찍을 고무인은 준비했는가?	☐	

주방부분 체크리스트

체크리스트	체크	개선할 사항
식기, 조리기구, 소화기 등은 정해진 위치에 있는가?	☐	
주방기기들의 작동 여부는 확인했는가?	☐	
모든 메뉴의 조리 매뉴얼은 준비되었는가?	☐	
개점일의 식자재는 충분히 준비했는가?	☐	

접객부분 체크리스트

체크리스트	체크	개선할 사항
직원들의 서비스교육은 잘 되어 있는가?	☐	
모든 메뉴에 대한 직원들의 지식이 충분한가?	☐	
직원들의 유니폼, 두발, 손톱 등 청결상태를 확인했는가?	☐	
직원들이 각자의 역할을 정확히 알고 있는가?	☐	
테이블 번호는 식별하기 좋도록 순서대로 배열되었는가?	☐	
메뉴판은 테이블 숫자만큼 준비되었는가?	☐	
테이블 위에 조미료(소금, 간장 등)는 비치되어 있는가?	☐	
벽면 메뉴판은 잘 부착되어 있는가?	☐	

홍보부분 체크리스트

체크리스트	체크	개선할 사항
광고전단지의 배포시점과 수량은 확인했는가?	☐	
개업축하용 판촉물의 입고를 확인했는가?	☐	
개업축하용 플래카드의 부착 여부는 확인했는가?	☐	
이벤트 행사계획의 스케줄은 확인했는가?	☐	

음식점 내부 체크리스트

체크리스트	체크	개선할 사항
청소는 깨끗이 되어 있는가?	☐	
간판과 실내등의 점멸상태는 확인했는가?	☐	
화분, 시계, 장식물 등의 배치는 적당한가?	☐	
의자나 테이블은 튼튼한가?	☐	
냉·난방 시설의 가동 여부는 확인했는가?	☐	
소화기의 위치와 작동 여부는 확인했는가?	☐	
화장실은 깨끗한가?	☐	
화장실에 없는 비품이 있는지 확인했는가?	☐	

음식점 외부 체크리스트

체크리스트	체크	개선할 사항
간판은 멀리서도 잘 보이는가?	☐	
외부에서 보기에 지저분한 요소는 없는가?	☐	
주차장의 안내표시와 동선안내는 잘 되어 있는가?	☐	
기타 고객이 불편해할 만한 점은 없는가?	☐	

20. 개업 전 맛 챙기기

음식점을 개업하려고 하는 사람들 중에는 맛에 대해서 너무 소홀하게 생각하는 사람들이 많다. 개업비용으로 몇천만원, 몇억원을 투자하면서도 정작 가장 중요한 맛에 대해서는 단 1%도 투자하지 않고 안일하게 있다가 막상 개업을 하고 나서 낭패를 보는 경우가 허다하다.

음식점의 성공요소 중에는 여러 가지가 있지만 그 중에서 가장 기본적이고 핵심적인 요소는 음식맛이다. 물론 음식맛이 있다고 해서 다 성공하는 것은 아니지만 맛이 없으면서 성공하기를 바라는 것은 말도 안 된다.

다행히 요즘은 음식점에 대한 인식도 많이 바뀌어서 예전에 비해 맛을 소홀하게 여기는 사람들이 많지는 않지만 맛을 배우고 관리하는 것에 대해서 아직도 비현실적인 생각을 가지고 있는 사람들이 많다.

음식점은 사장이 직접 주방에 들어가서 요리를 하지 않는다 해도 그 업소의 맛관리는 사장이 원칙을 가지고 직접 관리해야 한다. 주요 취급메뉴의 맛에 대한 원칙이 없이 주방장에게 의지하거나 그때그때 맛을 내게 되면 사람이 바뀔 때마다 맛도 따라 바뀌게 되고, 이것이 반복되면 점차 단골고객을 잃게 된다.

그러나 개업 전에 맛을 챙기는 것에 대해서는 너무 안일하게 생각하는 경우가 많다. 어떤 사람은 잘되는 음식점의 주방에 취직해서 그 맛내는 노하우를 배울 수 있다고 생각하는 사람들이 있는데 이는 현실적으로 전혀 불가능한 일이다. 그런 음식점의 주방에 취직하기도 어려울 뿐더러 설령 취직을 한다 해도 정작 중요한 맛내는 노하우는 배우지 못하고 헛김만 빼기가 일쑤이다.

또 다른 음식점 주인들은 맛을 잘 내는 주방장을 고용하여 몇 개월 동안 지켜보면서 맛을 배우려고 생각하는데 이 또한 어려운 일이다. 주방장이 자기의 노하우를 쉽게 알려주지도 않을 뿐더러 그렇게 어깨너머로 배운 실력으로는 손님들의 입맛을 만족시킬 수가 없다.

음식점 사장은 개업하기 전에 그 업소에서 취급하는 메뉴의 중요한 맛의 원칙을 분명히 정하여 그 원칙에 따라서 관리를 하여야 한다. 그래야만 맛에 대한 관리와 주방 및 재료관리가 가능하고, 항상 연구하는 자세로 주도적인 입장에서 요리를 연구하고 서비스를 할 수 있다.

조리 실장님! 앞으로 우리집 갈비맛은 이맛입니다.

무학여고 뒷편에 가면 가정집을 개조하여 갈비집을 창업한 사장이 있다. 이 사장은 슈퍼를 운영하면서 갈비전문점을 창업하게 되었는데, 창업 전에 업종과 메뉴를 정하고 창업 요리만을 전문적으로 전수하는 곳을 찾아 필요한 맛을 전부 익히고 개업을 하게 되었다. 그러나 현실적으로 음식점에 대한 경험이 전혀 없을 뿐더러 규모도 사장이 직접 주방에 들어가서 일할 형편이 안 되기 때문에 주방경력이 10년이 넘는 조리실장을 소개받아서 개업을 하게 되었다.

그러나 개업을 준비하는 과정에서 문제가 발생하게 되었다. 사장이 생각하고 있던 갈비맛과 조리실장이 내는 갈비맛이 일치하지 않았던 것이다. 그래서 처음에는 실장을 불러 조심스럽게 "갈비맛과 음식이 전체적으로 좀 단것 같으니 좀 덜 달게 할 수 없느냐"고 부탁하자 실장은 아주 퉁명스럽게 "내가 지금까지 이 맛으로 사장님들 돈을 많이 벌어줬다"면서 사장의 요구를 한마디로 묵살해 버렸다. 사장도 더 이상 할 말이 없어 개업을 준비하게 되었고 개업 전날 가까운 친척들을 불러 최종 리허설을 하였다. 그런데 음식을 먹고 난 뒤 가족들은 한결같이 갈비맛과 음식맛이 너무 달아서 많이 먹지 못하겠다고 걱정들을 하였다.

사장은 가족들이 돌아간 후 개업을 며칠 연기하기로 하고, 조리실장을 불러 이번에는 "○○은 더 넣고 ○○○는 좀 빼서 갈비를 다시 해보세요"라고 정중하게 지시를 하였다. 처음에는 사장이 음식에 대해서 전혀 모르는 줄 알았던 조리실장도 그제서야 아무 말 없이 다시 해오게 되었다. 이런 과정을 서너 번 반복한 후에 "실장님! 내가 실장님의 갈비실력은 인정합니다. 하지만 앞으로 우리집 갈비맛은 이맛입니다"라고 정확하게 지시를 해주었다.

이와 같이 음식점은 사장이 자기 메뉴에 대한 정확한 원칙을 가지고 있어야 맛에 대한 관리가 가능하고 후에 맛을 내는 주방장이 바뀌더라도 일정한 맛을 유지할 수가 있다. 그리고 사장이 맛에 대한 분명한 원칙을 가지고 있을 때 막연하게 부탁하는 것이 아닌 정확한 지시와 관리가 가능하게 된다.

21. 음식점 메뉴전략과 가격결정

메뉴를 늘리는 데는 몇 가지 원칙이 있다. 장사가 잘 되는 아이템이 있다고 해서 그 음식점과 전혀 어울리지 않는데도 메뉴를 무조건 추가해서는 안 된다. 어울리지 않는 메뉴를 취급하면 맛 관리도 어려워지고, 전문음식점의 전문성 이미지도 떨어진다. 메뉴 확대시에는 아래의 5가지 원칙을 참조하여 추가한다.

첫째, 같은 계열의 메뉴를 추가해야 한다.

해물탕과 갈비탕처럼 성격이 다른 음식을 함께 다룰 경우 재료 관리와 조리 효율이 떨어진다. 해물 칼국수 전문점이라면 저녁 메뉴 보강차원에서 해물전골 칼국수(술안주 가능)나 해물탕, 해물찜, 해물철판을 추가하는 것이 더 적절하다.

둘째, 재료의 재활용을 고려해서 메뉴를 추가해야 한다.

돈까스 음식점이라면 자투리 고기를 갈아서 쓸 수 있는 햄버그 스테이크를 추가하고, 생고기를 취급한다면 생고기로 쓰기에 신선도가 약간 떨어지는 고기를 활용한 김치전골, 콩비지 찌개를 추가하는 것이 좋다.

셋째, 조리효율을 고려하여 메뉴를 추가한다.

칼국수 전문점에서 사골 칼국수와 해물 칼국수를 나란히 취급하는 것이 얼핏 보면 같은 계열의 메뉴 같지만 사실은 국물 재료가 전혀 다르다. 국물에 따라 면도 서로 다르기 때문에 동시에 조리하면 조리 효율이 많이 떨어진다.

넷째, 기획 메뉴, 부 메뉴 전략으로 새로움을 준다.

오랫동안 같은 메뉴로 영업하다 보면 고객들이 그 메뉴에 대해 식상해 할 수 있다. 이때 전문성을 흐리지 않게 하면서 계절별, 시점별로 기획 메뉴를 채택하여 한시적으로 운영하는 것도 고객들에게 새로움을 줄 수 있어 좋다.

메뉴 선정 후 이에 맞는 적절한 가격을 매기는 것이 무척이나 힘들다. 가격은 여러 가지 요인을 고려하여 결정한다.

첫째, 식재료 원가 비율에 따른 가격 결정방법이 있다. 통상 식재료 원가 비중이 30~40%를 넘지 않는 선에서 음식가격이 형성된다. 물론 음식 아이템별로 이 비율이 조금씩 다르다.

둘째, 음식의 노하우나 희소성에 따라 결정한다. 음식의 노하우가 독특하거나 그 노하우가 상대적으로 희소성이 있는 음식이라면 원가와 상관없이 가격이 높게 형성된다. 예를 들면 일식 집에서 나오는 메밀소바의 경우 800원 정도의 식재료 원가에도 불구하고 가격은 4천 5백원~5천 원 정도로 높게 형성되어 있다. 이는 메밀소바가 우동보다 노하우에 있어서 희소성이 있기 때문이다. 대체적으로 희소성이 있는 도입기 단계의 음식가격은 높게 형성되다가 성장기, 성숙기를 거치면서 가격이 떨어진다.

셋째, 음식점이 위치한 해당상권과 고객 층을 고려한 방법이다. 신세대 대상의 대학가나 10대 대상의 상권의 경우는 상대적으로 저가격을 매겨야 한다. 부유층 대상의 강남 상권이라면 같은 음식이라도 가격을 비싸게 매긴다 해도 수용이 된다. 또 접대 손님을 대상으로 하는 음식점 가격은 고가로 매겨도 좋다.

넷째, 가격결정에 있어서 가장 결정적 요인은 경쟁관계와 영업전략에 따른 결정이다. 즉 경쟁 음식점과 같은 가격으로 책정할 것인가, 아니면 경쟁사보다 고가전략으로 이미지와 타깃을 달리 갈 것인가, 혹은 경쟁사를 쓰러뜨릴 목적으로 초저가 전략을 구사할 수도 있다. 이는 경쟁사를 무너뜨리고 또 다른 경쟁자의 참여를 막아 장기적 관점에서 이익을 남기겠다는 의도가 숨어 있다.

다섯째, 솥밥처럼 즉석에서 새롭게 요리해서 내는 회전율이 떨어지는 음식은 원가 비율보다 상대적으로 가격을 높게 책정해야 한다.

22. 특별메뉴를 적절히 활용하라

　　음식점 사장은 적은 메뉴수로 매출을 많이 올리기를 원하고, 고객들은 내가 먹고 싶은 메뉴가 항상 있기를 원한다. 직장생활을 해본 사람들은 다 겪는 심정이지만 점심시간이 되면 '오늘은 무엇을 먹을 것인지'를 늘 고민한다. 그들의 입장에서 보면 음식점은 즐비해도 막상 먹으려면 매일 그것이 그것 같아 보이는 것이다.

　　이런 문제는 메뉴를 늘리지 않으면서도 고객들의 요구를 충족시킬 수 있는 방법이 있다. 바로 특별메뉴를 적절하게 활용하는 것이다.

　　특별메뉴는 그날그날에 맞게 활용하는 방법과 계절에 따라서 적절하게 활용하는 방법이 있다. 실제로 필자가 알고 있는 한 업소는 이 방법을 잘 활용하여 고객들에게 항상 좋은 반응을 얻고 있다.

　　이 업소에서는 "오늘의 주방장 추천 메뉴"라는 것을 매일 매일 점포 앞의 이젤(그림을 그릴 때 사용하는 화판)에 홍보를 한다. 그런데 다른 집보다 좀 다른 것은 이것을 아침 출근시간부터 비치를 해놓고 그 밑에는 간단한 메뉴추천에 대한 설명까지 덧붙인다는 것이다. 이렇게 함으로써 고객들에게 기대감을 주고 오늘은 특별히 주방장이 추천한 음식을 먹는다는 만족감을 준다. 사실 자세히 살펴보면 특별한 메뉴라기보다는 그 업소에서 취급하는 메뉴 중에서 선택하여 그럴 듯한 이유를 붙인 것에 불과하다. 그러나 점심시간에 오늘은 무엇을 먹을까 고민하는 직장인들의 발길을 자연스럽게 유도하는 데는 효과가 있다는 것이다.

이렇게 매일매일 새로운 특별추천메뉴를 활용하는 방법과 한 달이나 계절별로 특별메뉴를 활용하는 방법이 있다. 이때 중요한 것은 특별메뉴를 선정할 때 현재 취급하고 있는 메뉴와 연관성이 있는 것이 좋으며, 그 메뉴에 대한 적절한 설명과 명분이 있어야 한다는 것이다. 단지 사장의 입장에서 매출을 더 늘리기 위한 것이 아니라 고객의 입장에서 좋은 상품을 서비스한다는 기분이 들도록 해야 한다. 이렇게 선정한 메뉴는 너무 오랜 기간 활용해서는 안 된다. 특히 제철에 나는 재료를 활용할 경우에는 계절이 지나면 바로바로 중단하는 세심함이 필요하다.

이렇게 하면 사장의 입장에서는 메뉴를 무조건 늘리지 않으면서 매출을 기대할 수 있고, 고객의 입장에서는 그 집에 가면 항상 새로운 메뉴가 있을 거라는 이중효과를 볼 수 있다.

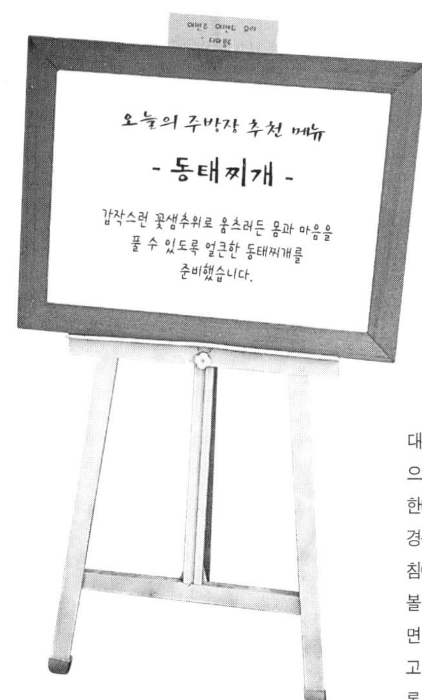

대부분의 직장인들은 점심으로 무엇을 먹을지를 고민한다. 특별메뉴를 활용하는 경우 오늘의 추천메뉴를 아침에 출근하는 직장인들이 볼 수 있게 한다. 이렇게 하면 점심시간에 고민하지 않고 자연스럽게 올 수 있도록 유도할 수 있다.

23. 젊은 고객층은 세트메뉴를 좋아한다!

젊은 고객을 상대로 영업을 하는 점포에서는 메뉴단가가 높으면 손님이 들어오지 않는다. 그렇다고 무조건 가격을 내릴 수도 없다.

이런 점포에서는 한두 가지 메뉴의 가격을 낮게 책정하여 고객의 심리적 부담감을 덜고, 메뉴를 적절하게 조정하여 세트메뉴를 개발하면 자연스럽게 객단가를 올리는 효과를 볼 수 있다.

일반적으로 세트메뉴(정식)는 현재 업소에서 취급하고 있는 메뉴를 적절하게 조합하여 '○○정식'으로 이름을 붙이게 된다. 예를 들어 주택가에서 어린이를 동반한 고객이 많은 경우에는 '어린이 정식', '콤비네이션 정식', '패밀리 정식'과 같이 이름을 붙일 수가 있고, 젊은 여성고객이 많은 경우에는 '레이디 정식'이라는 메뉴를 선보일 수 있다.

메뉴구성 또한 양만 늘리거나 새로운 메뉴를 추가하여 메뉴수만 늘리는 것이 아니라 기존에 취급하고 있던 메뉴 중 서로 다른 종류를 적절히 조합하여 다양하게 구성하는 것이 좋다.

이렇게 하여 일반메뉴보다 가격을 높게 책정하면 자연스럽게 객단가를 올릴 수 있다. 실제 조사에서도 세트메뉴의 주문이 가장 많았다. 필자가 10군데 이상의 일본식 돈까스 전문점을 대상으로 매출을 분석해본 결과

거의 모든 점포에서 세트메뉴 매출이 가장 높은 것으로 드러났다.

사장의 입장에서는 객단가를 올리는 효과를 볼 수 있고, 고객입장에서는 조금만 돈을 더 쓰면 한 번에 여러 가지 메뉴를 맛볼 수 있기 때문에 세트메뉴를 주문하는 것이다. 강남에 있는 돈까스와 우동, 초밥을 취급하는 일본식 돈까스전문점의 정식메뉴구성은 아래와 같다.

하이틴 정식 - 돈까스＋미니우동＋유부초밥 3개
돈&까 정식 - 로스까스＋생선까스＋미니우동＋주먹밥
우 동 정식 - 우동＋로스까스＋데마끼 2개
패밀리 정식 - 로스까스＋생선까스＋우동＋유부초밥 6개
어린이 정식 - 치즈롤까스 ＋ 주먹밥 ＋ 콜라
왕새우 정식 - 왕새우 3마리 ＋ 우동 ＋ 데마끼 2개

메뉴판 하나에도 모든 마케팅적 요소가 집약되어 있다. 회전율 위주의 영업을 하는 경우 음식점 벽면에 커다란 메뉴판을 붙여 놓으면 주문이 훨씬 용이하다. 특히 주력 메뉴의 사진을 맛깔스럽게 찍어 놓으면, 그렇지 않은 메뉴보다 매출이 월등하게 높은 것으로 나타났다. 따라서 작은 규모의 매장이라면 조리효율과 회전율 면에서 이와 같은 전략을 써볼만 하다.

한식정찬의 완벽한 멋을 선사하고자
기본을 지켜 만듭니다.

차림새 하나하나에도 세심한 맛깔의 정성에는 맛과 멋이 있습니다.

맛깔상차림 (2인분이상 주문)
₩7,000원(1인분)

한식을 기본으로 계절에 따라나는 각종 나물과 생선구이, 조림, 찜등을 저렴한 가격으로 즐길수 있도록 정성스럽게 준비하였습니다.

맛깔진수성찬 (2인분이상 주문)
₩15,000원(1인분)

귀한모임 항상 마음에 두셨던 소중한 분을 모셨을 때를 위하여 한식과 양식, 그리고 고급스런 요리를 정성스럽게 준비하여 코스별로 제공합니다.

단체 손님이나 가족손님, 접대손님이 많은 한정식집의 경우 메뉴마다 음식사진을 넣고 그 음식에 대한 간단한 설명을 해주는 것이 좋다. 여러 명의 손님들이 무엇을 먹을지 결정하기 쉽고, 고객의 입장에서는 식당으로부터 존중받고 있다는 느낌을 가질 수도 있다. 직장인 대상의 식당이라면 저가메뉴부터 적어 놓는 것이 좋으며 접대손님이 많은 경우라면 고가의 음식부터 적어놓는 것이 객단가를 올리는 데 유리하다. 특히 외국인을 대상으로 하는 식당이라면 메뉴에 대한 사진과 설명이 들어간 메뉴판이 꼭 필요하다.

24. 기존의 칼국수 전문점 저녁메뉴 보강하기

칼국수 전문점을 운영하는 경영주들은 저녁에 술과 함께 먹을 수 있는 메뉴에 대해 가장 많은 고민을 한다. 칼국수는 회전율이 높은 음식이므로 하루에 3~4회전 이상의 회전율을 유지해 줄 정도의 유동인구나 배후인구가 받쳐줄 경우 혹은 많은 고객을 끌어들일 수 있는 대형 음식점이라면 저녁 메뉴 걱정을 하지 않아도 된다.

그러나 이런 칼국수 전문점이 아니라면 점심에는 조금 반짝하지만 저녁에는 파리 날리기 십상이다. 저녁 술손님을 끌어들이는 데 한계가 있는 것이다. 어떤 점포는 저녁 술손님에게 인기가 있다고 생고기를 적용하는 경우도 있으나 조리 효율, 불판 등 조리시스템이 맞지 않는다. 게다가 고객으로부터도 칼국수 전문점으로서의 전문성이 떨어져 저녁 매출도 올리지 못하고 자칫 주메뉴인 칼국수마저도 위협받는 경우가 있다.

만약 바지락 해물 칼국수 전문점이라면 적절한 저녁 메뉴로 무엇이 적합할까?

조리 효율과 재료의 연관성, 주방 조리 시스템 등을 감안한다면 해물 철판요리, 해물찜, 오징어 보쌈 등이 적당하다. 또는 기존 칼국수를 응용 발전시켜 해물 샤브샤브 칼국수라는 신 메뉴로 개발, 술과 함께 곁들여 먹을 수 있게 하는 것도 가능하다.

이와 같이 칼국수 전문점에서 저녁메뉴를 보강할 때는 다음과 같은 기본 원칙을 염두에 두는 것이 좋다.

첫째, 가족이 함께 먹을 수 있는 메뉴를 선택하거나 술안주를 겸할 수 있는 메뉴를 선택하여야 한다. 그렇다고 칼국수 전문점에서 삼겹살이나 갈비 등을 취급하는 것은 바람직하지 않다. 자칫 잘못하다가는 칼국수 전문점으로서의 이미지를 훼손하기 쉽다.

둘째, 좀 자극적이고 가격이 싸면서 풍성한 메뉴를 선택하는 것이 좋다. 칼국수란 메뉴 자체가 밋밋한 음식이기 때문에 상대적으로 자극적인 음식의 메뉴가 술안주로서 괜찮다. 사람들은 칼국수 전문점을 부담감이 없이 접근하기 때문에 이를 고려하여 가격이 비싼 음식보다는 저렴하고 양이 풍성한 메뉴를 선택하여 추가하는 것이 필요하다.

셋째, 칼국수 전문점의 많은 고객들은 아이들을 데리고 온다. 그러나 아이들용으로 칼국수나 다른 메뉴를 별도로 주문하지 않아 매출이 오르지 않는 경우가 많다. 이런 경우를 대비하여 양을 줄이고 가격을 낮춘 어린이용 칼국수를 추가함으로써 주문을 유도하거나, 기존의 메뉴를 이용하여 어린이 메뉴를 개발하는 것도 필요하다.

칼국수 집에서 불고기 메뉴를 추가한다면?

일반적인 메뉴 추가 원칙과 달리 칼국수 전문점에서 불고기 메뉴를 함께 취급하는데도 장사가 잘 되는 음식점이 있다. 어떻게 된 일일까?

사실 칼국수 전문점에서 전혀 연관성이 없는 메뉴를 함께 취급하면 고객입장에서는 그 음식점이 전문 음식점이라는 이미지를 갖지 않는다. 아마 손님들은 "맛이 없으니 장사도 안 되고, 그러니까 불고기 메뉴까지 넣었나 보지." 라고 생각을 할 수도 있다.

그럼에도 불구하고 이 집은 장사가 잘 되고 있다. 이 음식점에서는 음식을 먹는 손님의 더 큰 만족을 노렸던 것이다. 해물 바지락 칼국수는 개운하고 깔끔하기는 하지만 포만감을 충분히 충족시켜 주지 못하는 약점이 있다. 그래서인지 가족끼리 칼국수로만 외식하기에는 왠지 허전한 감이 있다. 이러한 고객의 심리와 욕구를 채워줄 메뉴가 바로 불고기였다. 그렇다고 모든 칼국수 집이 불고기 메뉴를 추가한다고 성공할까? 일단 메뉴 추가 원칙을 무시했기 때문에 쉽지는 않다. 고객의 욕구에 맞아떨어지는 불고기 메뉴라도 30평 규모의 칼국수집에서는 적용하기 어렵다. 칼국수 조리시설 외에 별도의 불고기 조리시설과 조리 인력이 추가로 필요하기 때문에 대형 음식점에서나 가능하다. 그리고 또 하나는 연관성이 없는 메뉴를 추가할 때는 마치 장사 안 되니까 추가한 것 같은 느낌이 들지 않도록 간판에도 메뉴 사진과 메뉴명을 크게 걸어 놓는 것이 더 잘 먹힌다.

어쨌든 칼국수집에서 불고기 메뉴를 취급하는 것은 대규모이고 유동인구가 많은 곳에서나 가능하다. 그것도 당당하게 적용해야 성공한다.

25. 샤브샤브엔 맛깔이 있다!

'샤브샤브'는 쇠고기를 얇게 썰어 끓는 물(육수)에 살짝 데쳐 먹는 요리이다. 이 음식은 몽고의 '징기스칸' 요리가 일본을 거쳐 우리에게 보급된 음식으로 고급 요리로 여겨지고 있다. 최근 샤브샤브 전문점에서도 다양한 샤브샤브 요리가 개발되고 있는 추세이며, 다른 아이템의 음식점에도 샤브샤브식 요리법을 응용한 메뉴가 많이 도입되고 있다.

칼국수 전문점에서는 육수에 얇게 썬 고기와 칼국수를 샤브샤브처럼 데쳐 먹는 샤브샤브 칼국수가 있으며, 설렁탕 전문점에는 샤브 설렁탕, 아구찜 전문점에는 아구 샤브샤브 요리가 있다. 각 음식의 요리 방법에다가 샤브샤브식 요리방법이 융합되어 새로운 스타일의 샤브샤브가 생겨나고 있는 것이다.

왜 이렇게 샤브샤브가 선호될까? 바로 '샤브샤브' 요리 스타일이 맛깔을 살려주는 요소가 있기 때문이다. 먼저 조리되지 않은 원재료를 직접 눈으로 확인할 수 있고, 손님은 테이블에서 요리되는 과정을 직접 관찰할 수 있다. 재료와 조리 과정을 눈과 코로 느끼고 혹은 직접 조리함으로써 맛깔을 느끼는 것이다.

　내가 하는 음식점에서도 이런 기회를 찾고 발전시킬 수 있다. 내가 하는 음식이 어떤 음식이든 이와 같이 샤브샤브화시켜 보면 의외의 히트 메뉴가 탄생한다. 샤브샤브처럼 적용시키거나 그대로 적용하지 않아도 재료를 직접 내서 테이블에서 조리하는 시스템으로 응용해 보면 맛깔을 살릴 수 있다. 쌈밥집에서 샤브샤브처럼 얇게 썬 고기를 데쳐서 쌈밥과 함께 먹게 한다든지, 해물탕집에서 싱싱한 해물을 직접 조리해 먹게 한다든지(기존의 테이블에서 끓이는 전골요리와 유사한 것으로 이해해도 됨), 매운탕집에서 버섯이나 고기를 샤브샤브처럼 먹게 한다든지 우동집의 우동 샤브샤브, 오리집의 샤브샤브 등등 여러 가지로 확대가 가능하다.

26. 차별화된 인테리어도 마케팅전략이다!

요즘 인테리어 차별화로 승부하는 업소가 많다. 강남이나 북한강변을 보면 전혀 새로운 스타일의 인테리어로 손님의 호기심을 유발하거나, 기존의 업종에서는 시도하지 않던 새로운 스타일의 인테리어로 좋은 반응을 얻는 경우가 많다. 인테리어를 잘 해놓았다고 해서 음식점이 꼭 성공하는 것은 아니지만, 음식점의 경쟁이 점점 치열해지고 마케팅적인 요소가 더 중요해지는 시점에서 인테리어를 차별화하는 것도 중요한 마케팅전략의 하나이다.

요즘 강남 일대에는 기존의 삼겹살 전문점에서 시도하지 않았던 일식집 같은 모던하면서도 깔끔한 인테리어를 하는 점포가 눈에 띄게 많아졌다. 이러한 업소들은 삼겹살이라는 대중적인 메뉴를 가지고 기존과는 다른 서빙방법과 차별화된 인테리어로 젊은층과 여성들에게 좋은 호응을 얻고 있다. 이와 같이 대중적이면서 경쟁이 심한 업종으로 창업할 경우에는 단순하게 맛을 가지고 승부하려고 하는 것보다는 기존 점포의 문제점을 개선한 시스템과 새로운 컨셉의 인테리어로 차별화를 시도하는 것도 좋은 마케팅 방법이다.

인테리어를 하는 데 있어서 무조건 돈을 많이 들여서 하는 것보다는 어떠한 주제를 가지고 통일감을 주는 것이 중요하다. 값비싼 재료를 사용하지 않더라도 일관된 주제로 인테리어를 하거나 폐품 등을 활용해도 훌륭한 인테리어가 될 수 있다. 영동에 있는 한 지하 주점은 계란판과 벽면 스프레이 그림을 활용하여 감각적이고 훌륭한 인테리어를 한 사례도 있다.

최근에는 무조건 유럽풍의 인테리어를 흉내내지 않고 우리 것을 이용하여 독특한 인테리어를 한 사례도 많다. 비싼 건축비와 인테리어 비용, 홍보 비용을 들이지 않고 거북선의 실물 모형을 그대로 본뜬 인테리어를 함으로써 성업중인 곳이 있으며, 고구려 고분 모형의 지하주점, 입구를 첨성대로 장식한 설렁탕집, 옛날 산골에서나 볼 수 있었던 너와집도 성업중이다.

창업 당시부터 인테리어도 중요한 마케팅수단이란 것을 분명히 인식하여 정확한 주제를 가지고 내외장을 하는 것이 중요하다.

27. 아웃테리어도 메뉴와 가격에 맞게

인테리어 못지 않게 중요한 것이 점포 외관을 어떻게 꾸미는가 하는 아웃테리어다. 점포 외관은 주요 메뉴의 특성을 살려주고 주요 고객층에 맞게 하는 것이 좋으며, 고객에게 호기심을 유발하는 홍보효과와 점포 내로 끌어들이는 기능적인 효과가 동시에 고려되어야 한다. 그러나 자칫 잘못하면 점주의 욕심만 앞서 비용만 많이 들이고 오히려 매출에 지장을 주는 경우도 있다.

인천 신포동의 신세대가 밀집되어 있는 상권에 규모가 상당히 큰 일본식 돈까스 우동 전문점이 있다. 이 점포는 맛도 괜찮고 내부 인테리어도 상당히 고급스럽게 잘되어 있어 이 지역 고객들에게 인정을 받고 있는 업소이다.

그러나 점주는 처음에 생각했던 것보다 매출이 오르지 않아 필자에게 문제점을 호소한 적이 있다. 필자가 판단하기에는 다른 문제보다도 점포의 외관에 문제가 있다고 판단했다. 이 건물은 예전의 3층 건물을 전면적으로 리모델링하여 새로 오픈을 한 점포였다. 그러나 건물의 미적인 요소에만 치중한 결과 너무 고급스럽게 보인 나머지 주머니가 가벼운 신세대들에게는 상당히 비쌀 것이라는 부담감을 주기에 충분했다.

간판이나 메뉴를 나타낼 수 있는 사인보드도 인테리어에 맞지 않는다고 하여 붙이지 않았고, 미적인 면만 강조된 작은 상호 하나만을 달아놓아 음식값이 비쌀 것이라는 느낌이 들게 했다. 그러나 실제 취급하는 메뉴는 저가 메뉴에서부터 가족들이 외식을 즐길 수 있는 세트메뉴까지 다양하게 준비되어 있었다.

이런 점포의 경우에는 건물 외관의 미적인 부분이 지나치게 강조된 반면 홍보나 기능적인 면은 신경을 쓰지 않은 경우이다. 간판을 적절하게 재배치하고 먹음직스럽게 보이는 음식사진이나 저렴한 메뉴가격을 밖에서도 쉽게 알아볼 수 있도록 표시함으로써 문제점은 간단하게 해결되었다. 이와 같이 건물의 외관은 고객의 입장에서 부담을 갖지 않고 접근하기 쉽도록 하는 기능적인 면도 충분히 고려해야 한다.

28. 음식점 홍보 전략, 반짝이는 아이디어

여의도 증권가에 샤브샤브 전문점 녹향을 개점하면서 펼쳤던 광고 홍보사례를 살펴보자. 기존에 전단지 뿌리는 것 정도로 접근했던 일반적인 음식점의 광고와는 판이하다. 체계적이고 전략적이다.

이 음식점의 단계별에 따른 전략을 살펴보자.

첫째 단계는, 음식점의 개점을 특이하게 알렸다.

이 때 흔히 전단지를 배포하고 미녀 도우미를 써서 춤추는 행사를 통해 눈길을 끌어들이는 것이 일반적이다. 하지만 전단지의 경우는 거리의 사람에게 뿌려도 잘 받지 않고 설령 받았다고 하더라도 읽지 않고 쓰레기통 속으로 들어가기 십상이다. 그래서 커다란 오렌지에 스티커를 부착해서 점심 먹으러 나온 직장인들에게 전단지와 함께 뿌렸다. 너도 나도 오렌지를 받기 위해 줄서는 진풍경을 연출했고 오렌지 500개를 배포, 딱 하루 만에 인근 오피스가에 녹향의 개점을 확실히 알렸다.

두 번째 단계는, 알고 나서 와서 먹어보게 했다.

샤브샤브 전문점은 한 끼 식사에 1만원이 넘는 고가음식이다 보니 선뜻 들어가기가 쉽지 않다. 이런 점에 착안하여 알리는 것에서 한 발 나아가 일단 와서 먹어 보게 하는 '무료 시식권'을 함께 뿌렸다. 무료 시식권을 통해 일단 와서 먹어 볼 수 있게 함으로써, 낯선 음식점의 문턱에 쉽사리 접근하도록 했다.

흔히 '무료 시식권'을 뿌리면 엄청 손해날 것 같아 우려하는데 사실은 그렇지 않다. 이 무료 시식권을 갖고 혼자 오는 것이 아니고 동료와 함께 오기 때문에 결코 손해나는 장사는 아니다. 또한 바로 쓰레기통에 들어갈지도 모르는 기존 전단지와 달리 지갑 속에 꼭꼭 보관하니 얼마나 그 음식점을 잘 기억하겠는가?

그리고 또 하나, 비록 공짜 손님일지라도 손님들로 북적북적대면 '아, 그 집 장사가 잘 되네, 맛있나보다' 하는 생각이 들게 되므로 여러 면에서 효과 만점이다. 개점 초기의 무료 시식권은 결코 손해가 아니다. 첫 1개월까지는 손해본다는 심정으로 많이 뿌리면 뿌릴수록 좋다.

세 번째 단계는, 한 번 온 사람을

무료시식권은 음식의 아이템이나 상권의 특성에 맞게 만들어 배포한다. 다음 두 가지 경우를 예로 들어보자. 샤브샤브 녹향의 경우 비교적 고가의 음식이며, 많은 유동인구보다는 특정 고객층을 대상으로 한다. 따라서 인근 여의도 아파트 단지 부녀회장이나 증권가 부장님들을 대상으로 일일이 이름을 써서 봉투에 넣고 정성껏 돌렸다(이름을 모를 경우 직함을 표기하였다). 이 무료 시식권은 회수율이 10%였지만 혼자 오지 않고 동료나 직원들을 데리고 왔기 때문에 손해보는 것 없는 효과적인 광고수단이 되었다. 시골집의 경우는 10년 동안 점심 칼국수 위주의 장사를 해오다 술과 함께 즐길 수 있는 저녁 메뉴를 도입한 경우이므로 칼국수집이라는 기존의 인식을 깨기 위해 많은 양의 무료 시식권을 뿌렸다. 시골집 사장의 딸은 처음 며칠 동안은 공짜 손님들만 몰려와 망했다고 울먹였지만 지금까지도 그 손님들이 이어지고 있다 한다.

다시 오게 만드는 것이다.

다시 오게 하는 요소는 음식맛이나 서비스 요인이기는 하다. 그러나 다시 오게 하고 자주 찾아오도록 '명함 응모 행사'를 열었다. 계산대 앞의 응모함에 넣어진 명함을 월말에 추첨, 무료 시식권과 경품을 나눠준 것이다. 이 행사는 자주 올수록, 즉 단골이 될수록 당첨 기회는 더욱 높아지게 된다. 이처럼 녹향 샤브샤브는 단계별로 효과 있게 접근함으로써 짧은 기간 안에 성공하는 음식점으로 자리잡았다.

샤브샤브 전문점 녹향의 단계별 홍보 아이디어

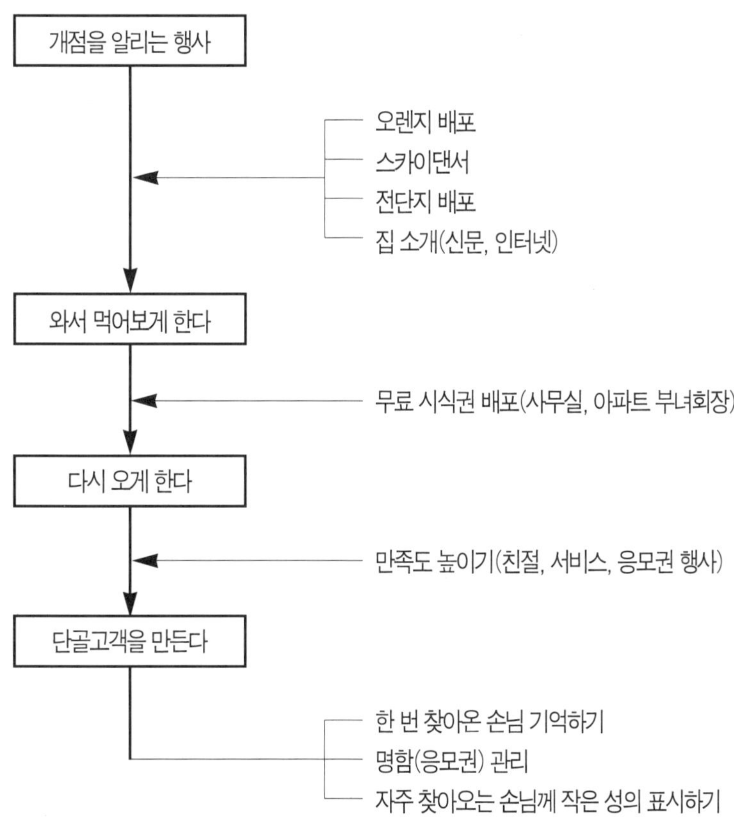

녹향은 제주도 여행권(2인용 1명)과 버섯 생불고기(4인분용 10명), 갈비살 무료 시식권(2인분용 20명), 복권(30명)을 상품으로 걸고 오픈기념 사은행사를 했다.

추첨행사를 통해 모아진 명함은 단골 고객을 확보하는 데 필요한 자료로 쓰이며, 주 고객층에 맞는 서비스와 마케팅 전략을 다시 수정할 수 있었다.

녹향은 또한 명함이 없는 가정주부들을 위해 별도의 응모권을 준비했다.

29. 음식점 개점하는데 웬 오리의 꽥꽥 퍼레이드?

음식점 개점행사에도 톡톡 튀는 이벤트 아이디어로 손님 끄는 시대다.

서울 응암동 주택가 밀집지역에 생고기 전문점 '웃자 돼지'를 새롭게 개업하면서 개점 이벤트로 벌이는 행사에 돼지 퍼레이드를 펼쳤다. 즉 돼지와 미녀 도우미가 '웃자 돼지' 생고기집의 현장은 물론 동네 한 바퀴를 꿀꿀거리며 순회한 것이다.

생삼겹살 등 생고기 전문점이라는 점과 '웃자 돼지'라는 재미있는 상호에 착안, 주택가 고객들에게 재미있고 확실하게 홍보할 방법으로 생각한 아이디어다.

이제는 음식점 개점 행사에도 단지 전단지만 뿌리는 정도로 개점해서는 안 된다. 튀는 아이디어와 튀는 방법으로 손님들을 끌어들여야 성공할 수 있는 시대가 되었다.

웃자 돼지 외에도 수원 화서의 '내 몸에 좋은 오리'라는 오리 전문점을 개점하면서 아파트 중심으로 오리의 꽥꽥 퍼레이드를 펼쳤다. 이제 소 점포 음식점 개점에도 단지 전단지 하나 뿌리는 것만으로는 약하다. 톡톡 튀는 아이디어로 승부해야 성공할 수 있다.

30. '냉면 1천 원' 첫날부터 손님 바글바글!

냉면 전문점을 개점하면서 개점 첫날 1천명의 손님이 몰려와 북새통을 이룬 판촉 아이디어 하나를 소개한다. 지난 해 경기도 여주에서 냉면 전문점을 오픈 하면서 뭔가 새로운 아이디어가 필요했다. 일반적인 음식점 개점 때처럼 전단지를 뿌리는 것만으로는 부족했기 때문이다. 냉면이라는 단일메뉴만을 취급하다 보니 여러 메뉴를 취급하는 일반 음식점보다 더 많은 고객들을 확보해야 하고 홍보도 더 많이 해야 했다. 또한 냉면 전문점은 비수기가 길기 때문에 확실하게 알릴 꺼리가 더욱 필요했다.

문제는 여기에만 있는 것이 아니었다. 여주 시내가 서울 도심이나 APT 단지처럼 인구가 밀집되어 있는 것이 아니어서 그 넓은 지역에 전단지 뿌리는 것 자체도 엄청난 일이었으며, 전단지만으로 효과적으로 알리기에는 만만치 않았다.

개점 초기 여주 시내 전체에 알리기 위해서는 파격적인 빅 뉴스를 만들어 사람들 사이에 화젯거리를 만들 필요가 있었다. 이런 점에 착안하여 '냉면 천 원, 서비스 딱 이틀간' 이라는 판촉 아이디어를 제안 실행했다. 홍보는 전단지 대신 개점 5일 전 여주 시내 곳곳에 현수막을 거는 것으로 이루어졌다. 그 결과 개점 첫날 1천명이 가게 앞에 장사진을 치는 진풍경이 벌어졌고, 연 이틀간 40평 매장에서 700명씩 1,400명의 손님을 받는 전쟁을 치렀다.

　　이 냉면 전문점은 이 판촉 아이디어 하나로 여주 시내에서 일약 유명 업소가 되었다. 냉면 한 그릇의 원가가 1천 원 정도이니 원가는 원가대로 뽑았고, 들어간 비용이라고는 현수막 제작비 30만원 정도였다.

　　이 판촉 아이디어는 효과가 좋다고 해서 자주 할 것은 아니다. 짧은 기간 동안 잠깐 시행해야 효과가 크다. 개점시나 아니면 비수기 같은 때에 시행하면 좋다. 단 파격적 가격할인의 적절한 명분을 달아줘야 한다. 개점 2주년 기념이라든지 새로운 맛 비법 개발 기념이나 고객 감사 차원이라든지 등등 명분은 얼마든지 개발하기 나름이다.

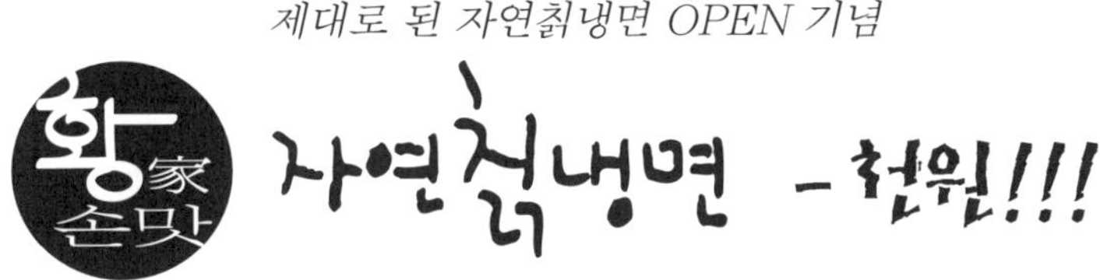

'냉면 천원' 현수막으로 이틀 동안 1,400여 명의 손님이 모여드는 북새통을 이루었다. 들어간 비용은 현수막 제작비 30만원, 이 비용으로 여주시내에서 황가손맛을 모르는 사람이 없을 정도로 빅 뉴스거리를 만들었다.

31. 많이 주면 줄수록 남는 것도 많다!

퍼 줘라! 음식장사 잘하는 비결 중 하나는 퍼주는 것이다. 음식장사로 성공한 사람들의 얘기를 들어보면 표현은 조금씩 달라도 결국 '퍼줘라' 는 말과 일맥상통한다. 특히 음식점 창업시 빨리 자리잡기 위해 퍼 주는 행사를 판촉이란 이름으로 전개하고 있다. 돈 벌려고 음식장사 시작했는데 무료 시식권, 할인권, 판촉물 등 마냥 퍼주기만 하라니 남기나 하는 장사일까? 그저 아까운 생각이 들 뿐이다. 그래서 알면서도 실천하기 어려운 점이 바로 이 '퍼줘라' 의 비결이다. 하지만 퍼주면 퍼줄수록 오히려 성공의 지름길로 나아가는 것이다.

장사가 되지 않아 문을 닫은 생고깃집을 인수해서 새롭게 문을 열었다. 그 집주인은 개업하면서 '일주일간 무조건 무료' 를 실천했고 그동안은 손님들로 북새통을 이루었다. 그런데 놀랍게도 공짜 제공 기간이 끝난 지 2년이 지난 지금도 그때처럼 손님이 바글바글댄다는 사실이다. 그때 공짜로 제공한 음식값만 해도 만만치 않다. 보통 사람으로는 실행하기 힘들었지만 이 집주인은 배짱으로 '퍼줘라' 를 실천하여 대성공을 거두었다.

칼국수집에서 저녁 메뉴를 보강하면서 무료 시식권을 뿌렸다. 음식점

주인의 탐탁치 않은 표정에도 무릅쓰고 1~2만원 하는 메뉴의 무료 시식권을 마구마구 뿌린 것이다. 첫 날부터 3~4일까지는 공짜 손님이 몰아닥치자 울상이었으나 그 손님들이 계속적으로 몰려들자 음식점 사장의 입이 쫙 벌어질 수밖에.

샤브샤브 전문점 역시 무료 시식권을 뿌렸다. 고가의 음식인 만큼 무료 시식권을 통해 문턱을 낮춰 빨리 자리잡고자 한 것이다. 이 집에서는 샤브샤브가 1만원 이상씩 하는 고가 메뉴인 만큼 1,000장을 뿌렸으니 금액적으로 약 1천 만원 어치를 뿌린 셈이다. 공짜로 1천 만원을 뿌리다니 … 음식점 오픈 하면서 정신나간 짓 아닌가 하고 의아할 법도 하다. 그런데 곰곰히 따져보자. 1만원 짜리 두 장을 받으면 혼자서 오지 않고 동료와 함께 온다. 보통 3~4명 정도가 함께 올 확률이 높다. 1만원짜리 샤브샤브의 원가는 약 3천 원. 따라서 2명은 무료 시식권으로 먹고, 나머지 2명은 계산했다면 2만원의 매출을 올린 것이다. 그래도 원가가 12,000원이므로 8천 원이나 남긴 셈이다. 무료 시식권을 배포하는 것은 원가와 일부 마진을 챙기면서 공짜로 광고하는 것과 같다. 사람들은 무료 시식권은 일반 광고와는 달리 자기 지갑 속에 보관하므로 그 음식점의 상호를 쉽게 기억하게 된다.

무료 시식권! 절대 공짜가 아니다.

무료 시식권을 뿌리면 얼마나 올까?

퍼주는 방법으로 무엇이 있을까? 무료 시식권, 30% 할인권, 냉면 한 그릇에 딱 1천원, 소주 한 병 무료 제공, 5,000원짜리 상품권, 다양한 판촉 선물, 응모권 추첨에 따른 제주도 여행권, 현금 1백 만원, 자동차 증정 등 아이디어는 무궁무진하다. 그런데 무료 시식권을 뿌리면 얼마나 회수될까?

무료 시식권을 받은 사람은 모두 올 것 같지만 실제로는 그렇지 않다.

샤브샤브와 같이 30~40대 직장인 대상으로 뿌린 1만원짜리 무료 시식권의 경우 회수율이 약 10% 정도였다. 젊은 직장인을 대상으로 한 설렁탕집에서는 설렁탕 무료 시식권을 400장 뿌려 약 100장이 회수되었으니 대략 25%의 회수율을 보였다. 소주 한 병 무료 시식권의 경우는 회수율이 1~2%에 그치는 저조한 결과를 나타냈다. 돈까스 전문점에서 10대 후반 20대 초반의 신세대 대상으로 50% 할인권을 뿌렸을 때는 약 50% 정도의 회수율을 보였다. 이처럼 무료 시식권을 뿌린다고 뿌린 수만큼 다 오는 것은 아니다. 젊은 층, 신세대 층일수록 회수율이 높고, 식사 종류일수록 그 반응이 높음을 알 수 있다.

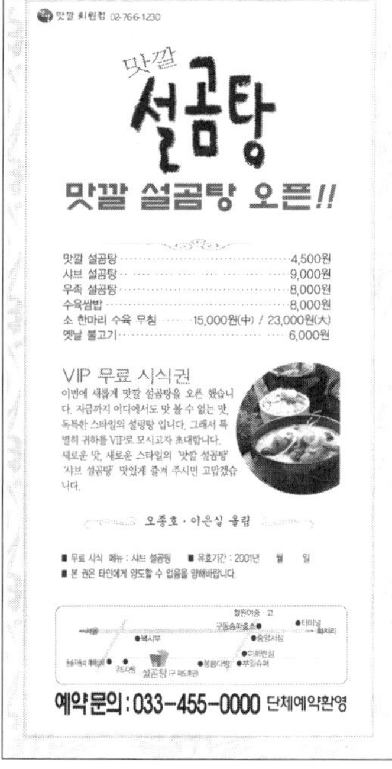

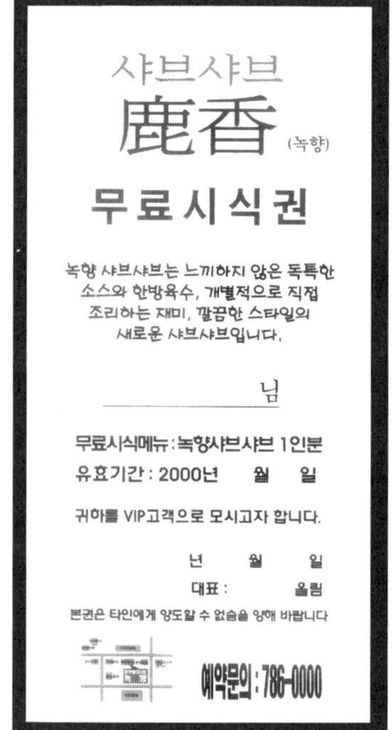

32. 음식점 차별화, 반 발짝만 앞서가라

'해장탕' 이 뭘까? 해장국일까 내장탕일까 설렁탕일까? 불광 사거리에서 설렁탕집을 개점하면서 남과 다르게 차별화를 노리고 싶었다. 그래서 음식점 이름을 '불광 해장탕' 으로 지었다. 얼마나 독특한 이름인가. 새로운 맛의 새로운 요리인 것 같다. 국물도 기존과는 다를 것이라는 생각도 들고….

그러나 결과는 의외로 썰렁했다. 기존 설렁탕과는 색다른 맛을 기대하고 바글바글 몰리리라 예상했던 주인은 조급해질 수밖에. 더구나 100평이 넘는 공간이라 어쩌다 한두 명의 손님이 와도 너무 썰렁해서 나가기까지 했다.

경쟁이 치열하고 주변에 설렁탕집이 두 군데나 있어 이름을 '해장탕' 으로 지은 차별화 시도는 매우 좋았으나 고객에게는 먹고 싶은 마음이 선뜻 들지 않았던 듯 싶다.

보통 사람은 새로운 음식을 맛보기 위해 모험하지 않는다. 그만큼 사람들의 음식에 대한 생각은 보수적이다. 입맛은 쉽게 만들어지지 않는 탓에 낯선 음식을 선뜻 즐기지 않는다. 따라서 음식의 차별화는 고객의 입맛에 맞춰 반 발짝만 앞서가야 하는 것이다.

아무리 노랑머리 신세대일지라도 여전히 김치 볶음밥을 좋아하지 않는가? 젖먹이 시절부터 먹던 맛에 길들여진 것이다.

또 하나의 사례를 보자. 생고기집에서 메밀소바를 취급한 업소가 있었다. 고기와 메밀은 음식궁합도 맞고 고기를 먹은 후 개운함을 느낄 수 있는 깔끔한 메뉴였기 때문에 괜찮은 메뉴 조합이라고 볼 수 있다. 차별화 측면에서 주인은 적극적으로 이 메뉴를 도입했지만 손님들의 반응은 냉담했다. '웬 메밀소바?' 하고 그냥 지나쳐 버리는가 하면, 여전히 냉면만 찾아서 할 수 없이 메밀소바를 포기해야 했다.

메밀소바는 일식집에서 즐기는 메뉴이지 고깃집에서는 어울리지 않는다고 생각해서 잘 받아들이지 않는 것이다. 음식점에 있어서 차별화는 이처럼 지나치게 앞서가면 실패하기 쉽다. 의도가 아무리 좋아도 손님으로부터 외면 당하면 소용이 없다. 만일 차별성으로 승부하고 싶다면 손해를 감수하더라도 새로운 맛이나 스타일이 고객의 입맛에 길들여지고 적응될 때까지 몇 개월, 아니 일 년 이상을 기다릴 여력이 있어야 한다. 하지만 보통의 자본으로 운영하는 경우는 만만치가 않다.

'차별화 차별화' 하고 외치지만 차별화는 그만큼 쉽지가 않다. 그러나 새로운 차별화가 성공할 경우 '원조' 소리를 들으며 떼돈을 긁어모을 수 있는 기회가 되기도 한다.

맛깔을 알면 성공이 보인다

'맛깔'이란 단순한 음식의 맛만을 말하지는 않는다. 음식 본래의 맛에 더 맛있게 보여지는 느낌, 이미지, 노력을 말한다. 실제로 맛만으로는 맛있는 음식점이라는 이미지를 심는 데 한계가 있다. "아 맛있네"하고 느껴지는 맛은 혀로 느끼는 음식맛뿐만 아니라 '보기 좋은 떡이 맛도 있다'는 말처럼 시각적 요소 등의 맛깔스러운 느낌이 함축된 것이다. 다음의 사례는 한 가지의 강력한 아이디어로 맛깔스러운 이미지를 얻는 데 성공한 경우들이다.

M면옥의 백김치

서울 무교동의 M면옥은 만두와 칼국수를 전문으로 하는 음식점이다. 그런데 이 집을 기억하는 사람들은 만두와 칼국수보다 '백김치'를 먼저 떠올린다. 백김치의 맛도 맛이지만 백김치의 맛을 시각화했기 때문이다. 이 음식점은 입구부터 들어가는 통로 좌, 우측에 김치독이 묻혀 있다. 김치독 뚜껑에는 김치를 담근 날짜가 적혀 있다. 아마 음식점에 들어가는 고객은 이것을 보면서 '이 집은 김치를 제대로 담가 땅 속에 묻어 숙성시키네, 담근 날짜를 표시해 놓은 걸 보니 제대로 숙성된 것만 손님에게 제공하나보다. 이 집 김치 맛있겠는걸'하고 생각하게 되는 것이다. 이것이 바로 맛깔이다. '김치가 맛있다'는 것을 눈으로 보여준 사례이다.

인사동 P집

생태집으로 손님이 끊이지 않는 인사동의 P집은 60이 넘은 아저씨가 서빙하고 있다. 주요고객인 30~40대 직장인의 입장에서 보면 그리 편하지 않은 집이다. 하지만 생태가 맛있고 특히 공기밥이 맛있다고 야단들이다. 어느 집이나 똑같이 나오는 것이 밥이고 밥 짓기는 새삼 큰 노하우도 없기 때문에 더욱 특이하다. 이 집 밥맛의 비결은 기다림이다. 주문하고 나면 아무리 빨라도 20분 이상을 기다려야 식사가 나온다. 빨리 달라고 재촉이라도 하면 주인 아저씨가 버럭 화를 낸다. '지금 밥을 하고 있으니 좀 더 기다려야 한다'고. 한 20분 넘게 기다리다 보면 가뜩이나 배고픈 점심시간에 침이 꼴깍꼴깍 넘어간다. 이때 막 새로 해 온 밥이 기가 막히게 맛있을 수밖에. 손님들은 이 밥을 먹기 위해 조금만 늦게 가면 오래 기다려야 하므로 12시전에 가서 기다리거나 아예 오후 1시가 넘은 시간에 간다. 남들은 점심 한 시간 동안 영업하지만 이 집은 2~3시간 동안 배짱 튕기며 영업하는 것이다. '시장이 반찬이다'는 말을 실천에 옮긴 것이다.

명동 H관

　　H관은 명동의 역사를 자랑하는 설렁탕집이다. 점심 때는 입구부터 줄을 서서 번호표를 받아 기다릴 정도로 손님이 바글바글대는 집이다. 이 집은 설렁탕 국물을 진하게 우려내어 아주 맛있다. 하지만 요즘 흔히 생각하는 음식점의 기본요소로 보면 여간 문제가 있지 않다. 이름도 꼭 중국집을 연상하는 이름이고 간판도 나무 현판에 붓글씨 형태로 허름하게 걸려 있다. 간판이나, 음식점 입구 등에서 풍기는 이미지만 보면 마치 중국 연변의 조선족 식당을 방불케 한다. 내부는 인테리어 개념도 없고 테이블 청결도 엉망이다. 그런데 무엇이 손님들을 이렇게 줄 서서 기다리게 만드는 걸까? 그것은 바로 '하루 딱 100그릇'만 파는 영업전략에 있다. 하루에 맛있게 끓여 낼 수 있는 국물이 '딱 100그릇' 밖에 안 된다는 주인의 맛에 대한 정성과 소신 때문이다. 아무리 손님이 많이 기다려도 그날 준비한 국물이 떨어지면 돌려보낸다. 하루에 정성을 다하여 만드는 '딱 100그릇'의 설렁탕이 맛있을 수밖에. 설사 맛을 몰라도, 맛이 없어도 주인의 정성에 감동할 수밖에 없다. 물론 지금은 하루 수백 그릇을 팔지만 말이다. 딱 100그릇의 영업전략이 바로 맛깔이다(100그릇은 영업전략 차원보다는 그날 시장이 준비할 수 있는 국물에 해당되는 분량이고 이를 정확히 속이지 않고 욕심 없이 팔다 보니 나온 것일 수도 있지만 어쨌든 기가 막힌 영업전략이다)

부산에서 오뎅, 홍합 노점으로 하루 50만원을 파는 할머니

　　예사롭지 않은 큰 가마솥이 일반 스텐레스 통보다는 훨씬 국물이 진한 진국일 것 같은 느낌이 드는 맛깔 사례이다. 그리고 노점 판매대 뒷편에는 국물을 낸 홍합껍질을 산더미처럼 쌓아두고 버리지 않고 있다. 이렇게 쌓여 있는 홍합껍질은 '엄청나게 장사 잘 되는구나. 정말 맛있나보다'라는 느낌을 주게 된다.

33. 신문의 헤드라인으로 그 날의 매출을 짐작한다

대우 자동차 부도, 제 2의 IMF 위기! 신문마다 헤드라인으로 이 뉴스를 보도하던 날 그날 저녁 음식장사가 어땠을까? 그날 저녁 생고깃집은 그야말로 썰렁했다. 움츠러들대로 움츠러들다가 이제는 위기의식마저 드니 누가 저녁에 고기 먹으면서 술 먹기 위해 음식점에 가겠는가?

그날 저녁 통화했던 음식점 주인은 '왜 오늘따라 이렇게 썰렁한지 모르겠다'고 의외로 전혀 모르고 있었다. 그날 따라 새로 들어온 고기도 냉장고에 꽉꽉 채워져 있다는데. 아침 뉴스만 제대로 보았어도 예상되는 매출만큼 식재료를 준비했다면 손해도 줄일 수 있었을 텐데…

2001년 1. 20 스포츠조선 사회면에 실린 기사다.

"얼음 녹고… 움츠린 어깨도 활짝. 음식점, 술집 손님들로 만원…

바쁘다 바빠! 영하 17도를 오르내리던 강추위가 지난 17일 오후부터 서서히 풀리자 직장인들이 바빠졌다 … (중략). 추위 때문에 연기했던 약속도……"

이처럼 그날의 날씨와 온도에 따라 장사 기상도도 짐작해 볼 수 있다.

의외로 음식점을 운영하다 보면 신문이나 TV를 접하지 못하는 경우가 많다. 밤늦게까지 영업하고 아침에 일어나서 시장보고 영업준비를 하다 보면 TV를 볼 시간이 없고 아침에 잠깐 신문조차도 읽지 못한다. 간단히 스포츠 신문 정도만 접하는 경우가 많다.

세상물정이나 뉴스를 뒤늦게 손님을 통해서 아는 정도이다. 이미 그날 뉴스를 통해 예상 매출을 짐작할 수 있다면 식재료가 남거나 아니면 부족해서 더 팔 수 있는 기회를 놓치는 일은 없을 것이다.

매일 매일 접하는 뉴스 속에는 그날의 매출 정보가 있다.

'광우병 환자 국내에도 출현. 수입 고기 주의', '한 · 일 월드컵 축구 오늘 저녁 8시에 격돌', '박찬호 10승 도전', 오늘 같이 좋은 날 '노벨 평화상 수상', '상반기 경기 전망 매우 좋아' 등등 매일 매일의 뉴스 속에서 그날의 매출액을 짐작해 볼 수 있다.

아침에 그날의 뉴스를 꼭 챙기고 여기에 맞춰 영업을 준비하자.

34. 실패 사례에서 배운다

'음식장사하면 먹고는 산다더라' 는 막연한 생각에 쉽게 창업했다가는 낭패보기 십상이다. 음식장사도 이제는 '맛만 있으면 장사 잘 되겠지, 인테리어 시설을 세련되게 해 놓고 주방장 쓰면 되는 것 아니겠어' 등등의 기존 관념대로 접근했다가 어려움을 겪는 경우가 많이 있다. 그만큼 겉보기와는 달리 음식점 창업과 경영이 만만치 않은 것이다. 창업자들이 흔히 겪는 실패 사례는 미리 알았더라면 피할 수 있는 사례들이다. 어렵사리 시작한 일인데 한 번 실패하면 돈을 날리는 것은 물론이고 의욕 상실로 재기불능의 상태까지 빠지는 것을 종종 보게 된다. 실패 사례 중 몇 가지만 소개하기로 한다. 어쩌면 성공사례보다도 실패사례를 통해서 더 많이 배울 수 있을 것이다.

먹자골목에 우동집을 차린 장소 선정의 실패

흔히 장사는 입지산업이라고 한다. 장소만 잘 잡아도 절반은 성공이라고 얘기할 정도로 장소가 중요하다. 그런데 내가 하고자 하는 음식점과 맞는 적당한 상권에 자리잡기 위한 장소선정이 쉬운 일이 아니다.

먹자골목에 우동집을 차렸다가 실패한 케이스를 보자. 이는 아이템에 맞는 상권을 잡지 못한 경우이다. 얼핏 보면 먹자골목이고, 장소를 소개해 준 부동산에서도 장사가 잘 되는 장소라는 말에 선뜻 우동집을 차렸던 것이다. '모든 장사는 몰려 있을수록 더 잘 된다' 라는 생각으로…. 그런데 점심에도 몇 그릇 팔지 못하고 저녁에는 더욱 썰렁한 상황이 계속되었다.

먹자골목은 두 부류가 있다. 먹자골목 배후에 사무실이 밀집되어 있어 형성된 경우와 배후인구 없이 형성된 유흥가 성격의 먹자골목이 그것이다. 이런 유흥가가 밀집된 먹자골목은 주로 나이트클럽, 술집, 여관 등 유흥 시설 중심으로 되어 있어 여러 곳에서 저녁을 먹으러 오거나 술을 마시려고 찾아온다. 이런 지역에는 주로 술과 함께 먹는 음식점, 즉 고깃집, 횟집, 해물찜 등이 발달되어 있다. 식사 위주, 점심 위주의 우동 전문점 같은 음식점은 당연히 고전할 수밖에 없다.

적성에 맞지 않아 의욕을 상실한 아이템 선정의 실패

적은 자본으로도 수익성이 높은 음식점은 치킨, 족발, 해물요리, 돈까스 등 배달관련 업종이다. 배달 위주의 음식점은 고객이 먹으러 오기보다는 음식점 쪽에서 찾아가는 경우이므로 입지가 조금 떨어지거나, 규모가 작거나, 인테리어에 덜 신경써도 되므로 소자본으로도 창업이 가능하다. 하지만 전화주문을 받기 위해서는 매일 매일 전단지를 뿌려야 한다. 그만큼 남들보다 더 뛰어야 하는 어려움을 이겨내야 한다.

대기업 이사 출신의 한 창업자가 돈까스 배달 전문점을 차렸다가 실패

했다. 전단지가 장사에 매우 중요한 수단인데도 전단지를 뿌리는 것이 얼마나 쑥스럽던지 창피해서 못 뿌리겠다고 포기한 것이다. 그는 경비 아저씨가 '아저씨 들어가지 마세요' 하면 얼굴이 울그락불그락해져서 어쩌지를 못한다. 결국 오토바이를 타고 돈까스 배달 갔다가 가벼운 접촉사고까지 나니 더 이상 장사할 의욕을 상실하고 그만둔 케이스다.

창업을 할 때는 자신의 성격과 적성을 고려해야 한다. 내성적인 사람은 10대 대상의 음식점이나 고객과의 만남이 짧은 패스트푸드에 어울리고 외향적인 성격의 소유자는 객단가가 높은 고급 음식점, 갈비집, 횟집 등이 유리하다.

맛을 몰라 주방장 관리가 안 돼서 실패한 P레스토랑

흔히 음식점 주인들은 사람 관리 문제를 힘들어한다. 그 중 조리실장, 즉 주방장 관리를 가장 골치아파한다. 경치 좋은 경기도 지역에서 카페 레스토랑을 근사하게 차려 놓고 영업 한 달만에 두 손을 든 케이스가 있다. 바로 주방장 때문이었다. 처음에는 과거에 200명을 직원으로 거느려본 경험도 있고, 못할 게 뭐 있나 라는 생각을 갖고 접근했다고 한다. 그러나 대기업에서 하듯이 주방장을 다루었더니 3~4일 있다가 주방장이 그만두고 그만두고 해서 1개월 동안 계속 맛이 바뀌고 메뉴가 바뀌면서 고전을 면치 못한 것이다. 음식점의 핵심 제품인 '맛'에 대한 노하우를 주방장이 가지고 있다 보니 주방장에 매달릴 수밖에 없고 무리한 요구라도 수용할 수밖에 없다는 것이다. 많은 업주들은 '내가 사장인지 주방장이 사장인지 모르겠다'고 하소연한다. 여기에 기분 내키는 대로 부하직원 다루듯이 화를 내면 당장 짐 싸들고 나간다.

주방장을 인격적으로 존중하면서도 관리를 제대로 하려면 사장이 반드시 맛에 대한 노하우는 알고 있어야 한다. 맛내는 법을 알고 있다 보면 갑작스런 주방장의 공석에도 응급조치가 가능하고 식재료 등 원가 관리도 가능하다. 그리고 일관적인 음식맛을 관리하는 데도 큰 도움이 된다. 하지만 맛을 조금 안다고 주방장을 막 다루다가 주방장이 버텨내지 못해 장사를 망친 케이스도 있으니 최대한 존중하면서 관리해야 한다.

시름시름 앓는 음식점 어떻게 되살릴까?

음식점 영업의 활성화 전략

35. 창업 후 매출 부진, 어떻게 해결해야 할까?

왜 내 가게는 부진할까? 뭐가 문제일까? 시설도 깨끗한 것 같은데….
그저 답답하고 어디서부터 어떻게 대책을 세워야 할지 막막하다. 누구한
테라도 드러내 놓고 자문을 구할 수도 없고 종종 얘기해 주는 사람의 얘기
도 그저 솔깃할 뿐이다. 그만큼 자신감도 잃어간다. 이런 경우 종종 그 가
게의 좋은 요소마저도 나쁘게 하는 우를 범하는 경우도 있다. 혹시 가격을
낮추면 어떨까 해서 멀쩡한 가격을 낮춰도 매출은 크게 늘지 않아서 남지
도 않는 장사를 할 수도 있다.

이 장에서는 장사가 안 될 경우 문제를 어떻게 발견해야 하는지, 그 해
결책의 방법을 어디에서 찾아야 하는지를 알아보도록 하자. 영업 활성화
를 위한 체크항목이라고 보아도 무방하다. 해결책이 아니라 해결책의 단
서라고 볼 수 있으니 잘 살펴보자.

첫째, 먼저 상권과 아이템의 적합성을 살펴보는 것이 중요하다. 영업이
부진한 사례 중 많은 경우가 상권과 적절하지 않은 아이템을 선택한 경우
가 많다. 예를 들면 점심보다는 저녁 위주의 먹자골목 상권에 점심 위주의
우동집이라든지 역세권의 통행 흐름이 빠른 곳에 있는 생고깃집이 그 예

라 할 수 있다. 또는 아파트 단지 내의 치킨 전문점처럼 상권에 적합한 음식점이라 할지라도 지나치게 경쟁업체가 많아 포화상태에 있는 아이템도 마찬가지이다. 반짝 뜨다 사라질 위험성이 있는 조개구이 전문점, 탕수육 전문점, 쇠고기 뷔페 등의 아이템을 선택했을 때도 마찬가지다. 얼마간 장사가 잘 되는 듯해도 곧 그 아이템에 대한 고객들의 반응이 시들해지면서 매출이 줄어든다.

둘째, '맛깔'을 살렸는지 맛깔스런 집인지를 한 번 체크해 보아야 한다. 맛깔은 단지 혀로 느끼는 맛이 아니라 먹음직스럽게 보이는 시각적으로 맛있게 느껴지는 맛깔이 중요하다. 구이집에서 참숯을 외부 장식으로 활용함으로써 '참숯으로 구워내서 맛있겠구나' 하는 맛깔을 살린다든지, 닭한마리 칼국수집에서 무쇠 솥을 사용하여 진한 육수의 맛깔을 살려준다든지, 전골에 들어가는 녹각과 대추, 수삼 등을 일부러 별도의 작은 그릇에 담아 내었다가 손님의 눈 앞에서 넣는 것이라든지 또는 칼국수를 주방이 아니라 홀에서 직접 썰어 냄으로써 즉석 칼국수의 연출을 극대화시킨다든지, 지글지글 생고기 위에 내리비치는 할로겐 램프라든지, 냄새를 외부에 뿜어내어 냄새로 사람을 유인하는 등등 맛깔을 살리는 방법은 다양하다.

우리 가게에서는 과연 이런 '맛깔'을 살렸는지 점검해 보자. 이런 아이디어 있는 맛깔적인 요소가 손님들에게 맛있는 집으로 느껴질 때 장사가 잘 되는 것이다. 아무리 인테리어가 깨끗하고 세련되어도 이런 맛깔적인 요소가 없으면 강렬한 인상을 심어 줄 수가 없어 그저 평범한 가게에 머무르게 된다.

셋째, 서비스를 점검해 보자. 손님에게 활짝 웃는 얼굴로 친절하게 응대하는지, 서빙은 매끄럽게 되고 있는지, 지나치게 오래 기다리게 하는 것은 아닌지, 고객이 부르기 전에 미리 미리 알아서 챙겨 주는 서비스를 하는지, 혹시 종업원들의 사기가 저하되어 시무룩한 표정이 손님에게 그대로 전달되지는 않는지 등등…. 매끄러운 서비스는 훈련이요 기술이며 고객을 위한 마음가짐에서 나오므로 수시로 서비스를 점검하고 서비스 교육에 결코 소홀히 하지 말자.

넷째, 메뉴와 맛을 점검해 보자. 대체적으로 손님들은 맛없다고 드러내 놓고 얘기하지 않는다. 맛없으면 그냥 오지 않는다. 주인 입장에서도 수시로 맛을 보고 챙겨라. 그리고 손님의 반응도 챙겨라. 유독 많이 남기는 음식은 없는지 또는 매일 매일 나오는 콩나물 무침 등 일상적인 반찬만 내 주지는 않는지 등등을 챙겨 보라. 맛은 주인이 직접 챙겨야 한다. 또한 메뉴 수가 적절한지, 전문점에 걸맞는 메뉴인지도 점검해 봐야 한다.

다섯째, 정리정돈, 인테리어나 간판 상태를 체크해 본다. 낡아빠진 인테리어나 정리정돈 되지 않아서 입구에 식재료나 술병을 지저분하게 쌓아 놓는다든지…. 특히 장사 안 되는 가게일수록 간판이나 전면유리도 지저분하다. 장사가 안 되니 의욕도 잃고 신경을 덜 쓰게 되는 것이다. 이런 집일수록 영업이 더 부진해진다.

여섯째, 홍보·광고 활동이 없어서 부진하지 않는지 체크해 본다. 옆집에 비슷한 음식점이 새로 생기면 그쪽으로 손님을 뺏길 수도 있다. 그쪽은 개업행사라고 해서 이벤트도 실시하고 판촉물도 뿌린다. 새로 개업한 그 집이 괜찮으면 손님을 그대로 뺏기는 것이다. 이제는 개점 후에도 수시로 전단지를 뿌리고 현수막도 부치고 이벤트도 펼쳐서 매일 매일 살아 있는 가게로 만들어야 한다. 특히 목이 좋지 않은 가게나 배달 위주의 음식점은 전단지나 스티커의 배포가 매우 중요하다. 한 번 자신의 가게를 위한 홍보·광고 활동을 점검해 보자. 새롭게 주목받는 음식점으로 만들어야 영업이 활성화된다.

일곱째, 가격을 점검해 보자. 옆집 음식점에서 가격을 낮추지는 않았는지 아니면 가격에 비해서 음식의 양이나 질이 떨어지지는 않는지 등을 체크해 보자. 흔히 요즘은 가격 파괴를 주장하는 경우가 많기 때문이다. 팔리지 않으면 식재료가 그대로 버려지기 때문에 낮은 가격이라도 파는 것이 좋을 수 있으므로 경쟁 점포 가격을 수시로 체크해 보고 자신의 음식점과 비교해 봐야 한다. 또 어떤 경우는 많이 팔아도 가격이 낮아 남는 게 없는 헛장사이기 때문에 실속이 없는 경우도 있다.

36. 어떻게 문제점을 파악할까? 모니터요원의 체크 리스트

■ **맛**

- 보쌈

매우 좋다　　그런대로 좋다　　보통이다　　조금 부족하다　　매우 부족하다

- 족발

매우 좋다　　그런대로 좋다　　보통이다　　조금 부족하다　　매우 부족하다

- 우거지곰탕

매우 좋다　　그런대로 좋다　　보통이다　　조금 부족하다　　매우 부족하다

- 설렁탕

매우 좋다　　그런대로 좋다　　보통이다　　조금 부족하다　　매우 부족하다

■ **메뉴 테이블 세팅**
  - 반찬종류 :
  - 반찬 가짓수 :
  - 반찬의 평가(복수체크 가능)

    맛이 별로다 ⋯⋯⋯⋯⋯⋯⋯⋯⋯⋯⋯ (　　　)

    정갈하다 ⋯⋯⋯⋯⋯⋯⋯⋯⋯⋯⋯⋯ (　　　)

    맛깔스럽다 ⋯⋯⋯⋯⋯⋯⋯⋯⋯⋯ (　　　)

    양이 적다 ⋯⋯⋯⋯⋯⋯⋯⋯⋯⋯⋯ (　　　)

    맛있다 ⋯⋯⋯⋯⋯⋯⋯⋯⋯⋯⋯⋯⋯ (　　　)

    양을 많이 준다 ⋯⋯⋯⋯⋯⋯⋯⋯ (　　　)

■ **접객태도**
  - 최초 접객시 손님응대 상황 :
  - 주문 후 대기시간 :

■ **간판**

■ **실내 정돈 상태**

■ **인테리어**
  - 낡았다 ⋯⋯⋯⋯ (　　　)　　· 세련됐다 ⋯⋯⋯⋯ (　　　)
  - 촌스럽다 ⋯⋯⋯ (　　　)　　· 무난하다 ⋯⋯⋯⋯ (　　　)
  - 따뜻하다 ⋯⋯⋯ (　　　)　　· 심플하다 ⋯⋯⋯⋯ (　　　)
  - 편안하다 ⋯⋯⋯ (　　　)　　· 부담스럽다 ⋯⋯⋯ (　　　)
  - 기타 :

37. 어떻게 문제점을 파악할까? 내점 고객 설문지 사례

오늘 저희 점포를 찾아 주셔서 정말 고맙습니다.

저희 ○○돈까스는 보다 좋은 점포를 목표로 고객의 의견을 듣고자 합니다.

의견이나 원하는 것을 말씀하시면, 더욱 좋은 서비스와 맛으로 보답하겠습니다.

1. 점 내 분위기는

좋다　　　　　보통　　　　　나쁘다

(나쁠 경우 특히 어떤 점이:　　　　　　　　　　　　)

2. 접객 태도는

좋다　　　　　보통　　　　　나쁘다

(나쁠 경우 특히 어떤 점이:　　　　　　　　　　　　)

3. 당 점의 이용은

① 처음   ② 주(회)   ③ 월(회)

4. 오늘 드신 음식에 대해서

음식 이름				
	가 격	싸다 ( )	보통( )	비싸다( )
	시 간	빠르다( )	보통( )	느리다( )
	분 량	많다 ( )	보통( )	적다 ( )
	맛	맛있다( )	보통( )	맛없다( )

5. 기타 부족한 점이나 원하시는 점이 있으면 기탄 없이 적어 주세요.

____

____

• 성 별 : 남, 여   • 연락처 :   • 직 업 :

1. 우리 직원들은 고객에게 친절하였습니까?

• 예약 혹은 문의시 전화응대	5	4	3	2	1
	매우 친절하다				몹시 불친절하다

• 카운터 안내 및 계산시	5	4	3	2	1
	매우 친절하다				몹시 불친절하다

• 식사중 홀 서비스(불판 교체)	5	4	3	2	1
	매우 친절하다				몹시 불친절하다

• 고객의 요청에 대한 응답	5	4	3	2	1
	매우 친절하다				몹시 불친절하다

• 기타

2. 음식의 수준에 만족하셨습니까?

• 맛	5	4	3	2	1
	매우 맛있다				너무 맛없다

• 신선도	5	4	3	2	1
	매우 신선하다				오래된 듯하다

• 메뉴의 다양성	5	4	3	2	1
	매우 다양하다				몹시 부족하다

• 가격	5	4	3	2	1
	매우 저렴하다				몹시 비싸다

• 좋았던 메뉴   • 나빴던 메뉴

3. 우리 점포의 청결 상태는 어떻습니까?

• 홀	5	4	3	2	1
	매우 청결하다				몹시 지저분하다

• 음식 진열대	5	4	3	2	1
	매우 청결하다				몹시 지저분하다

• 화장실	5	4	3	2	1
	매우 청결하다				몹시 지저분하다

• 점포 외부	5	4	3	2	1
	매우 청결하다				몹시 지저분하다

• 기타

4. 우리 점포를 얼마나 자주 이용하십니까?

| • 이용횟수 | 월( )회 이상, ( )개월에 ( )회 이상, 연( )회, 처음 이용 |

| • 타인에게 추천여부 | 5   4   3   2   1 |

적극 추천하겠다   추천하지 않겠다

| • 당 업소를 알게 된 배경 | 아는 분의 권유,   언론,   인터넷,   지하철광고,   우연히 |

| • 방문 후 만족도 | 5   4   3   2   1 |

매우 청결하다   몹시 지저분하다

| • 기타 | |

지금까지 작성해 주셔서 고맙습니다.

38. 매출액과 가격대를 통한 문제점 파악법은?

메뉴의 ABC분석 예

아이템	월매출액	매출 비용	등급
김치찌개	1,500,000		
두부찌개	1,000,000	70%	A
동태찌개	800,000		
부대찌개	700,000		
설렁탕	500,000		
갈비탕	300,000	25%	B
곰탕	200,000		
칼국수	200,000	5%	C
냉면	100,000		

메뉴의 가짓수를 줄여갈 때 어떻게 해야 할까?

먼저 취급하는 메뉴별로 월매출액을 뽑아보자. 매출액 순으로 순서대로 늘어놓고 상위부터 A, B, C 세 등급으로 나눈 ABC 분석법에 의해 메뉴를 줄여나가면 된다. 전체 매출액 중 상위 70%를 차지하는 A등급 부류의 메뉴는 지속시키고 하위 5%를 차지하는 칼국수 등의 C등급의 메뉴는 없애는 것이 좋다.

메뉴수와 가격대 분석표

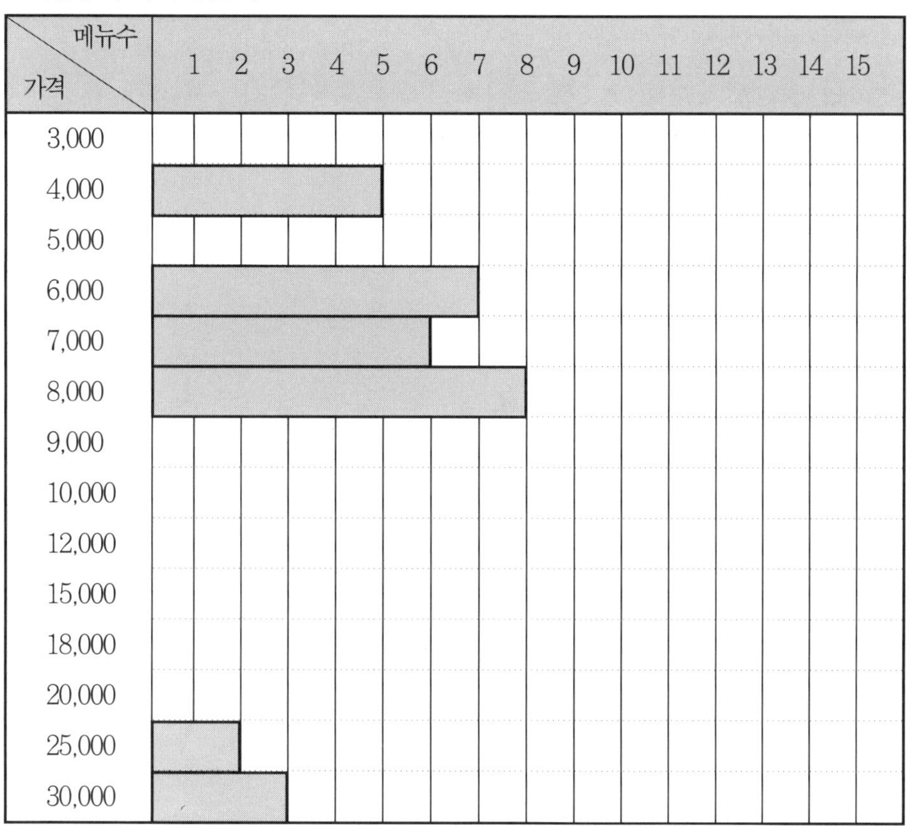

　이 표를 통해 가격대별 메뉴 수를 파악하고 상권과 맞는 가격대인지를 점검할 수 있다.

　이 표를 보다 보면 저녁 위주의 먹자 상권임에도 불구하고 주로 1만원 이하대의 메뉴와 2~3만원대의 메뉴만 있지 1만원대의 메뉴가 부족하다는 것을 알 수 있다. 따라서 1만원대의 메뉴를 보완해야 한다. 이러한 표를 만들어 보면 메뉴에 있어서의 문제점과 해결책을 한눈에 알 수 있다.

매출액 \ 요일	월	화	수	목	금	토	일
5월 평균	688,500	487,000	671,000	488,500	759,000	374,000	414,500
6월 평균	387,500	345,000	402,000	434,000	382,500	309,000	284,500
전체평균	538,000	416,000	536,500	461,250	570,750	341,500	349,500

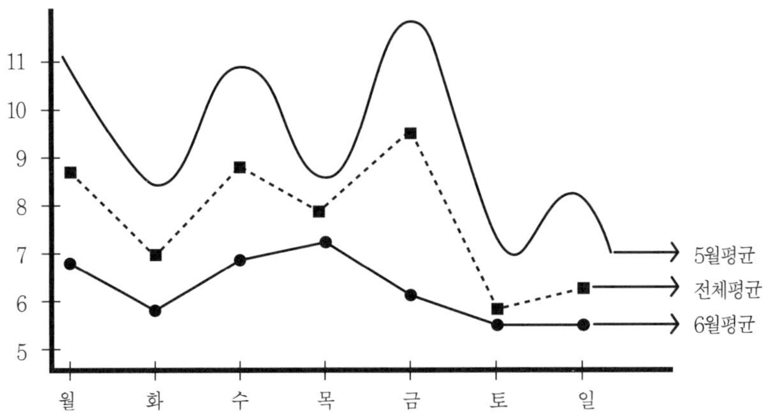

　위 표는 주택가와 사무실 인구가 혼재한 상권에서 요일별 매출액 자료로, 주택가의 가족 외식손님이 많이 오는지, 사무실 인구의 저녁 술손님이 많이 오는지를 알게 해준다(주말에 매출이 높으면 가족손님이 강세이고 평일 매출이 높으면 사무실 손님이 강세이다).

　지금 현재는 주로 사무실 손님 중심으로 영업하고 있어 주택가의 가족 손님을 공략할 방안을 마련해야 함을 시사해 준다.

39. 새로운 서빙 요원에게 교육시켜야 할 기초 내용들

한 샤브샤브 전문점에서 새로운 서빙 요원을 대상으로 한 시간 동안 교육했던 기초적인 서비스 교육 내용의 사례를 소개하기로 한다.

서빙의 마음가짐

서빙이란 단순히 음식을 나르는 것이 아니라 손님이 편하게 드시도록 보조해 주는 것이다. 따라서 최대한 손님 입장에서 서빙해야 하며 시선은 손님께 고정해서 불편한 점이나 필요한 것이 없는지를 항상 살펴야 한다. (흔히 서빙을 처음 하는 사람일수록 손님보다는 시킨 음식 왜 안 나오나 하고 주방 쪽을 바라보고 있다. 음식 서빙할 때 주방 쪽을 보지 말고 손님께 시선을 두어야 한다)

서빙 절차

① 손님 입장시 "어서 오세요" 라고 반갑게 응대(다같이 큰 소리로)

② 좌석 안내

③ 물병과 물컵 그리고 메뉴판과 주문지를 들고 가서 주문받음

    - 테이블 번호, 시킨 음식을 영수증에 기록

④ 주방에 주문지(원장)를 들고 가서 주방에 주문(기다리는 사이 샐러드 제공)

⑤ 반찬 세팅해서 반찬과 메인 음식을 손님상에 서빙

⑥ 서빙 끝난 후에도 계속 손님 응시(필요한 것, 물 보충, 술, 음료 추가 주문 등)

⑦ 후식 음료(매실)나 녹각수 제공

⑧ 손님이 음식을 먹고 나서 나가면 테이블 청소

⑨ 계산할 때 "맛있게 드셨습니까? 얼마입니다" 라고 인사

⑩ 나갈 때 "안녕히 가십시오" 가 아니라 "또 오세요" 라고 인사

서빙 역할 배분

- 지역 담당제로 한다.

- 내가 맡은 테이블 지역은 주문부터 중간 음식 서빙, 퇴식 처리까지 맡아서 한다.

- 간혹 내 담당 지역이 약간 여유 있고 옆 지역이 바쁠 경우는 바로 도와준다.

- 그러면서도 내 담당 테이블의 손님을 항상 살펴야 한다.

예) 카운터 역할

① 손님 입장시 '어서 오세요' 인사, 좌석 안내

② 계산 및 손님이 나가면 마무리 인사

③ 전체 손님 응시 및 서빙이 순조롭게 되는지 등 전체 흐름 분위기 파악

④ 응급 조치

⑤ 신발 정리(서빙 요원이 신발 정리하면 불결해 보이니 조심해야 한다.)

기분 좋은 서빙 예

어린이 손님에게는 시키지 않았어도 작은 그릇에 국물과 수저, 젓가락 제공

음식 서빙 프로세스

종업원들은 메뉴 설명이나 메뉴 추천을 위해 취급하는 음식 메뉴에 대한 충분한 이해를 하고 있어야 한다. 손님들에게 맛있게 즐기는 방법까지도 얘기해 줌으로써 손님이 더 맛있게 먹도록 해야 한다.

① 육수 담겨진 샤브 냄비, 야채 접시, 고기 접시 제공

② 먹는 방법 설명

③ 야채 접시, 고기 접시는 비우는 대로 바로바로 회수(핏물, 지저분한 것 보이지 않게)

④ 육수 수시 보충(주전자 육수 그릇), 불 조절

메뉴 세팅

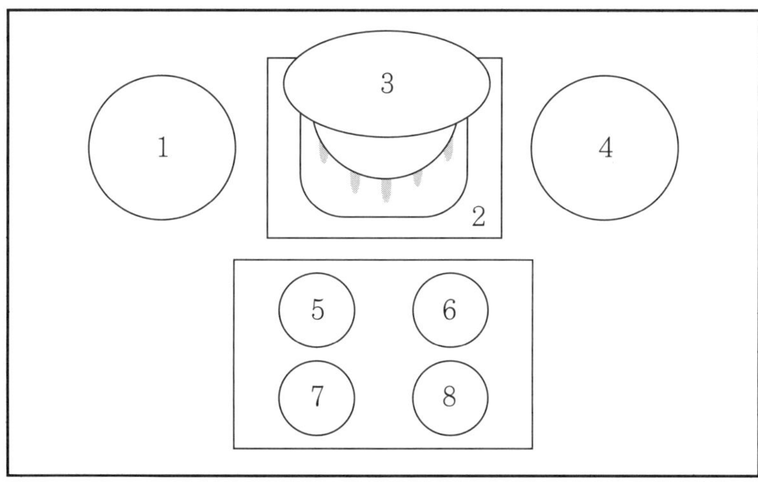

1. 고기 2. 전기렌지 3. 육수냄비 4. 야채
5. 반찬1 6. 반찬2 7. 소스 8. 앞 접시

40. 칼국수집의 저녁 매출을 어떻게 올릴 것인가?

칼국수는 사람들이 쉽게 즐기는 대중적인 음식이면서도 비교적 메뉴가 단출하고 판매마진이 높아 초보 창업자들이 선호하는 아이템이다.

그러나 칼국수 전문점을 창업하기에 앞서 꼭 짚고 넘어가야 할 문제가 있다. 칼국수 전문점의 경우 저녁 매출을 올리기가 어렵다는 점이 있다. 개업초기에는 그런대로 장사가 잘되다가도 소위 개업발이라는 것이 끝나고 나면 매출이 뚝 떨어지면서 더 이상 늘지가 않는다는 것이다.

점심시간이라는 한정된 시간에 아무리 바쁘게 장사를 해도 저녁에는 한산하니 실제로 남는 것은 별로 없는 장사가 되기 십상이다. 그래서 저녁술 매상이라도 올려 볼 생각으로 이런저런 메뉴를 추가하지만 여전히 손님들이 들어오지 않는다.

왜 저녁에 손님들이 들어오지 않을까?

일반적으로 칼국수 전문점에서 취급하는 메뉴를 보면 칼국수 외에 만두, 보쌈, 수육 등을 취급한다. 사장의 입장에서 보면 이러한 메뉴들은 칼국수 메뉴와 어울리기도 하고 취급하기도 쉬워서 저녁 술안주메뉴로 넣는데 손님입장에서 보면 술안주로서는 그리 적당하지 않은 메뉴이다.

칼국수 자체가 밋밋한 메뉴인데다 저녁 안주마저 밋밋하면 칼국수집에서 술을 먹는다는 것이 내키지 않으며, 또한 전문점으로서의 이미지가 너무 강하기 때문에 저녁 술손님이나 회식손님이 잘 들어오지 않는다. 그렇다고 칼국수 집에서 삼겹살 같은 안주를 취급하기도 어렵다. 자칫 잘못하다가는 칼국수 전문점으로서의 이미지를 버려 점심장사까지 망칠 수가 있기 때문이다.

저녁메뉴의 성공적인 도입으로 칼국수집의 한계를 극복한 사례가 있다. 어떻게 문제점을 해결해 나갔는지를 통해 칼국수 전문점이 안고 있는 문제를 되풀이하지 않게 될 것이다.

25평 규모에서 하루 50~60만원의 매출을 올리고 있는 '시골 손칼국수' 집이 있다. 점심 때는 좌석이 없어서 손님이 돌아갈 정도로 바글바글거린다. 그러나 저녁 때는 정말로 손님이 없어서 썰렁하다. 한 마디로 파리 날리고 있는 셈이다. 반면 옆 가게의 횟집, 생고기집, 맥주 호프집 등은 저녁에 장사가 잘 되고 있다. 10년 넘게 맛있다는 소리를 들으면서 장사를 해 온 사장 입장에서는 뭔가 해결책을 찾아야만 했다. 상권 특성으로 보면 대형 오피스가에 둘러싸여 있고 퇴근길 길목에 있어 점심, 저녁 장사가 골고루 잘 될 수 있는 지역이다.

왜 우리집에서는 저녁 장사가 안됐을까?

이 시골 손칼국수집 사장은 이 문제를 해결하기 위해 주위에서는 하지 않는 시골 손두부도 도입해 보았고, 막걸리도 취급하며, 인테리어도 고쳐 보았지만 여전히 저녁장사가 안 되기는 마찬가지였다. 저녁 메뉴의 보완으로 매출을 올릴 수 있다는 단순한 접근에는 한계가 있었다.

먼저 '왜 이 칼국수집은 저녁 장사가 안 될까?' 를 원점에서부터 점검, 접근해야 했다. 그러기 위해서 사람들의 인식구조를 먼저 살펴보았다. 사람들의 머릿속에는 칼국수집 하면 점심식사 정도로 인식하고 있을 뿐 술을 즐기는 곳이라고는 생각하지도 않는다. 그래서 발걸음조차 옮기려 하지 않는 것이다. 흔히 술과 함께 먹을 수 있는 생고깃집이나 횟집으로 향한다.

첫번째 과제는 '시골 손칼국수' 집이 10년 넘게 칼국수 전문점으로 자리잡힌 만큼, 저녁 메뉴의 보완 때문에 자칫 장사가 잘되던 기존 칼국수 매출에 영향을 끼쳐서는 안 된다는 점이었다.

두번째는 식사와 술을 마시러 오지 않는 손님을 끌어들이는 것이었다.

세번째는 저녁 메뉴 구성시 주변 음식점의 메뉴와 구분되는 차별화된 메뉴와 맛이 절대 필요했다는 점이다.

해결방안

■ 상호와 간판

기존의 '시골' 이란 브랜드를 유지하기 위해 상호를 '시골 손칼국수' 에서 '시골집' 으로 변경하고, 간판을 이원화해 점심과 저녁 손님을 유도하는 전략을 사용하였다. 즉 시골집이라는 큰 간판 아래 기존의 '시골 손칼국수' 라는 메뉴를 넣고, 그 옆에 술과 함께 먹을 수 있는 저녁 메뉴를 추가했다.

음식점 광고지에 왠 아줌마?

푹푹 퍼줄 것 같은 넉넉한 인상의 시골 아주머니 모습을 그대로 광고 전단지에 담았다. 10년 넘게 칼국수 국물이 맛있다고 소문난 집에서 상호를 바꾸고 저녁 메뉴를 추가하면서 만든 광고지이다. 그리고 광고지에 자신의 소박한 꿈을 실었다. 최고의 맛이라는 소리보다는 '그저 맛있다'는 소리를 듣고 싶다는 꿈을 통해 맛에 대한 사장의 장인정신과 정성을 느낄 수 있다. 그래서 새로 추가된 메뉴도 맛있을 거라는 생각이 드는 것이다. 이 전단지를 뿌린 결과 기존의 점심 칼국수 손님은 물론 저녁 술손님까지 동시에 확보하는 효과를 가져왔다.

■ 인테리어

점심 회전율 위주의 테이블과 함께 편안하게 앉아서 먹을 수 있는 방과
홀을 분리시켜 저녁에도 술을 마시기에 좋은 구조로 바꾸었다.

■ 내부 사인물, 메뉴판

간판과 인테리어가 바뀌면 주인이 바뀐 것으로 오해할 수 있으므로 '맛
에 대한 소신'과 주인의 사진을 실은 패널을 전면에 부착하였다. 이 패널
은 시골 아주머니와 같은 넉넉한 인상의 주인 사진과 맛에 대한 자신의 소
신을 적어 고객들에게 정성을 들여 장사한다는 느낌과 함께 맛있고, 푸짐
하고, 편안하게 즐길 수 있다는 느낌을 들게 하였다.

저녁 메뉴 역시 음식 사진을 커다랗게 찍어 벽면에 붙이고, 간판이나
전단지에도 음식 사진을 실음으로써 칼국수집의 부대 메뉴로 추가한 것처
럼 소극적인 인상을 주지 않도록 노력하였다.

■ 메뉴선정

주변 가게를 철저히 분석한 결과 아주 매콤
한 맛을 내는 메뉴는 없었다. 이 점을 차별화하
여 두부 두루치기, 낙지볶음, 오징어 보쌈을 저
녁 술 안주 메뉴로 선정하였다.

■ 홍보 및 광고활동

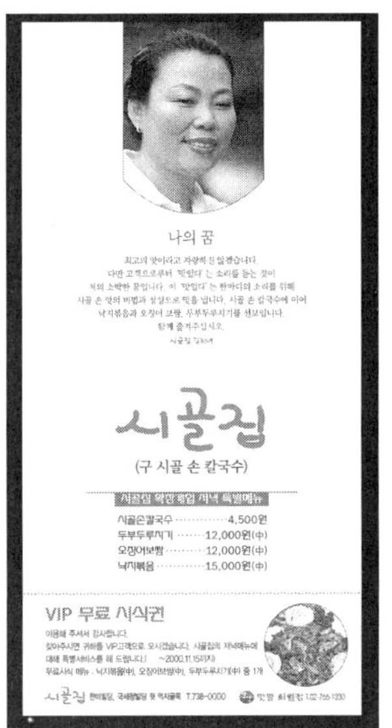

오렌지에 시골집 스티커를 붙여 무료 배포하여 '시골 손칼국수'가 '시골집'으로 바뀐
것을 확실하게 홍보하고, 점심을 먹으러 나오는 인근 직장인을 대상으로 새로 추가된
안주 중 한 가지를 무료로 먹을 수 있는 무료 시식권과 소주 한 병 무료 증정권이 있는
광고를 배포, 저녁 메뉴의 도입을 단번에 알릴 수 있었다.

시골 손칼국수집이 시골집으로 바뀐 것을 효과적으로 알리는 것도 중요하지만, 일단 저녁에 한 번 먹으러 오게 하는 데 포인트를 두었다. 기존의 머리 속 인식을 바꾸기 위해서는 저녁 문턱을 낮추는 것이 무엇보다 필요했기 때문이다.

따라서 홍보 방법을 도우미를 동원해서 전단지만 뿌린 것이 아니라 오렌지에 시골집 스티커를 붙여 함께 배포하였고 일단 한 번 오게 하기 위해서 '저녁 메뉴 무료 시식권'을 뿌렸다.

오렌지를 받기 위해 줄을 서는 진풍경이 연출되었으니 광고효과는 만점이었다. 또한 무료 시식권을 뿌린 이후 하루 50~60만원 하던 매출이 130~150만원으로 뛰어올랐고, 하루 170만원의 매출 기록을 올릴 정도로 성공했다.

방과 홀을 분리시켜 저녁에도 술을 마시기 좋은 구조로 바꾸고, 전면에는 주인의 사진과 함께 맛에 대한 주인의 소신을 적은 패널을 붙였으며, 또한 새로 추가된 저녁 술안주 사진을 먹음직스럽게 찍어 실내 곳곳에 걸어 놓았다.

이 음식점의 성공요인은 매콤한 맛 중심의 차별화된 메뉴를 적절하게 도입했다는 점, 그리고 단순히 메뉴 추가에 그치지 않고 손님들을 가게 안으로 끌어들일 수 있도록 음식 사진을 붙여놓은 간판과 인테리어 내부 사인물, 상호와 홍보방법 등이 종합적으로 어우러졌기 때문에 가능했던 것이다.

'칼국수 집에서 저녁 먹는 것은 한계가 있다' 는 손님들의 인식을 극복하고 저녁 때도 장사가 잘 될 수 있다는 사례를 보여준 셈이다. 앞으로 저녁 장사가 약한 음식점의 경우 해결책으로서, 메뉴 추가도 중요하지만 그 메뉴를 고객들에게 인식시킬 수 있는 종합적인 전략이 있어야 성공할 수 있다는 점을 시사해 주는 사례이다.

41. 배달전문점-홍보, 속도, 위생, 간편함을 우선하라

배달전문점은 다른 업종에 비해 자금이 적게 들고 간편한 점 때문에 초보창업자들이 선호하는 업종 중 하나이다. 그러나 배달전문점이라고 해서 만만하게 생각하고 뛰어들었다가 낭패를 보는 경우가 많다.

배달전문점의 성공 포인트는 다음의 네 가지로 요약된다. 배달전문점을 창업할 경우 먼저 어떤 업종을 선택할 것인가를 결정한 다음에는 이 네 가지를 분명하게 해결할 수 있는 방법을 찾고 시작해야 한다.

첫째, 홍보다. 배달전문점은 손님이 점포의 위치를 알고 찾아오는 것이 아니라 오로지 홍보를 통한 고객의 주문에 의해서 매출이 오르기 때문에 홍보는 철저하게 이루어져야 한다. 필자는 쉽게 배달전문점을 시작했다가 홍보의 어려움 때문에 가게를 포기하는 사람들을 종종 보았다.

배달전문점은 다른 비용이 적게 들어가는 대신 홍보에 지속적으로 투자해야 한다. 또한 전단지나 스티커 등을 제작할 때에도 초기에 비용이 많이 들어가더라도 메뉴사진 등을 넣어 고급스럽게 제작할 필요가 있다. 고객이 일차적으로 그 점포를 파악할 수 있는 것은 홍보유인물뿐이기 때문이다.

둘째, 속도가 빨라야 한다. 기본적으로 주문을 받고 음식이 조리되어 나오는 시간이 있지만 과정을 최대한 단순화하여 조리부터 배달까지 가능한 한 시간을 단축시켜야 한다. 실제로 배달음식을 주문하면서 꼭 빠지지 않고 끝에 하는 말이 빨리 배달해 달라는 말이다. 배달전문점을 운영하면서 배달속도가 빠른 것도 다른 업소에 비해 영향력 있는 경쟁력을 확보하는 것이다.

이렇게 하기 위해서는 먼저 조리과정이 단순화되어야 하고 항상 주문 수량에 필요한 적절한 배달인원이 확보되어야 한다. 배달전문점의 어려운 문제 중 하나는 능숙한 배달요원을 확보하는 것으로 배달인원을 고정적으로 확보하고 관리하는 것이 그렇게 쉬운 일은 아니다. 배달전문점을 창업할 경우에는 배달요원을 어떻게 확보하고 운영할 것인가 하는 문제도 꼭 짚고 넘어가야 한다.

셋째, 배달전문점은 위생적이어야 한다. 사람들은 대부분 배달음식에 대해서는 위생에 확신을 갖지 않는 경향이 있다. 때문에 우리 업소는 위생적으로 조리하여 배달한다는 것을 고객들에게 확신시켜 주는 것도 중요하다. 실제로 필자는 주택가에 있는 족발/보쌈 배달전문점을 컨설팅하면서 지나가는 사람들이 주방을 볼 수 있도록 위생적으로 설치·오픈하여 매출을 2배 이상 올린 경우도 있다. 그렇게 함으로써 고객들에게 다른 업소보다 우리 업소는 위생적으로 조리를 하고 배달한다는 것을 보여줌으로써 다른 경쟁업소의 고객을 자연스럽게 유치하는 효과를 볼 수 있었다.

특히 상가가 밀집되어 있는 곳에서 상인들을 대상으로 영업을 하는 경우에는 간편하고 위생적으로 보일 수 있도록 포장을 하는 것도 중요하다. 식사를 하는 중에도 손님이 들어올 경우 손쉽게 정리할 수 있어야 한다. 만일 식사를 마치고 난 후에 남은 음식이나 빈 그릇이 너저분하게 보일 경우에는 냄새도 나고 고객들에게도 좋은 인상을 주지 못한다. 이런 경우에는 포장용기 등을 정형화하거나 덮개가 있는 용기를 개발하여 다른 업소와 차별화를 시도하는 것이 좋다. 실제로 의류상가가 밀집되어 있는 상가의 상인들을 상대로 조사를 해 본 결과 지저분한 용기에 대해서 불만이 많았다. 이런 지역에서 배달전문점을 운영할 경우 이런 불만을 해소하면 좋은 반응을 얻을 수 있다.

넷째, 간편해야 한다. 메뉴수가 지나치게 많거나 조리시간이 많이 걸리는 업종은 배달전문점으로서 적절하지 않다. 이렇게 되면 조리효율이 떨어질 뿐만 아니라 수익도 떨어지는 결과를 초래한다. 조리과정을 단순화하고 매뉴얼화하여 조리시간을 줄이고 배달이 편리해야 한다.

더불어 서비스메뉴를 적절하게 구성하여 고객의 필요한 요구를 한꺼번에 해결하는 문제점도 고려해야 한다. 족발/보쌈, 해물탕 등을 주문하는 고객의 경우에는 술을 서비스하고, 어린이나 가족들이 함께 먹을 수 있는 부침이나 튀김류를 서비스하여 좋은 반응을 얻는 업소도 있다.

특히 주택가에서 배달전문점을 운영할 경우에는 서비스메뉴를 적절하게 활용하여 다른 업소에 비해 경쟁력을 확보할 수가 있다.

42. 불경기에는 어떤 음식점이 잘 될까?

최근 경기 침체가 지속되면서 외식소비가 많이 줄고 있다. 물론 경쟁력 있는 음식점들은 불황을 모르고 여전히 손님으로 북적대지만 대체적으로 음식점들의 매출이 20%가량 줄어든 느낌이다. 하루 50만원의 매상을 올리던 음식점은 40만원으로, 하루 100만원의 매상을 올리던 음식점은 80~90만원 선으로 떨어진 요즘이다.

하지만 이 불경기에도 매출액이 줄지 않는 음식점들을 살펴보면 크게 고급층을 상대로 하는 고가 음식점과 싸고 푸짐한 실속형 음식점으로 대별된다. 최근 고급층을 상대로 하는 고가의 음식점들은 성업 중에 있다. 맛깔컨설팅의 상권 조사를 통해 보면 방배동 고급 주택가에 있는 음식점 중 고가의 일식집, 샤브샤브 전문점 등은 여전히 장사가 잘 되고 있다. 여의도 증권가에 자리잡은 샤브샤브 전문점 역시 전문 직업인, 직장인과 인근의 아파트에 사는 부유층 주부들이 주 고객으로 불황의 영향을 전혀 받지 않는 것으로 확인되고 있다.

또한 실속형 음식점일수록 불경기의 영향을 적게 받는다. 한 그릇이면 식사도 되고 술도 해결되는 순대국, 감자탕, 닭한마리 칼국수, 부대찌개집이나 저렴한 가격에 많은 양을 주는 생삼겹살집, 대형 횟집, 대중 참치집 등이 그나마 경기의 영향을 덜 받고 성업 중인 곳이 많다.

IMF 이후 중산층이 없어졌다고 하는데 이러한 사회구조의 변화처럼 음식점도 중간 가격대의 음식점보다는 고가 음식점과 실속형 저가 음식점이 불경기에도 매출을 유지하고 있다.

어려울 때일수록 '자극적인 맛'이 뜬다

IMF의 긴 불경기로 다들 힘들어하고 있다. 이런 사회적 분위기 속에 사람들이 선호하는 맛은 무엇일까? 최근 잘 되는 음식점이나 잘 나가는 메뉴를 보면 의외로 맵고 자극적인 맛을 내는 음식들이다.

사례를 보자.

시골집 칼국수집에서는 매콤한 소스의 두부 두루치기, 매콤하게 맛을 낸 낙지볶음과 오징어 보쌈 등이 잘 팔린다. '맵다 맵다' 하면서도 줄을 서서 기다렸다가 즐겨먹는다. 맛깔 설곰탕 음식점에서 시골 만두 메뉴를 추가했는데 만두 속을 아주 매콤하게 했더니 고객들의 반응이 대단했다. 또 함흥냉면 집에서 매콤하게 맛을 낸 버섯 육개장 메뉴를 새롭게 선보인 결과 그 집에서 가장 잘 나가는 메뉴로 바뀌었다.

최근 갈빗집에서 내 놓은 고기 소스는 갈수록 겨자와 식초로 자극적인 맛을 더 가미시키는 추세이다. 깊고 은은한 맛이나 순한 맛보다는 맵고 쏘는 자극적인 맛의 음식이 더 잘 팔리고 있다는 것이다.

43. 불경기일수록 푸짐한 메뉴로 승부하라!

사람들은 일반적으로 경기가 어려워지고 가계지출이 줄게 되면 낮은 가격으로 푸짐하게 즐길 수 있는 메뉴를 선호한다. 특히 큰그릇에 음식이 푸짐하여 여러 명이 먹을 수 있게 세팅된 메뉴들이 좋은 반응을 얻는다. 그리고 단일한 한 음식만을 제공하기보다는 순서대로 식사도 하고 간단한 술을 함께 먹을 수 있다면 더욱 좋다.

부천 중동아파트 밀집지역에서 칼국수 전문점을 운영하던 A씨는 대우사태로 인하여 인천 부천 경기가 어려워지면서 기존의 칼국수 메뉴에 닭한마리 칼국수메뉴를 추가하여 성공을 거둔 경우이다.

기존에는 칼국수와 만두전골, 수육, 보쌈만을 취급하였으나 경기가 어려워지면서 매출도 많이 줄어들었다. 그렇다고 가격을 내릴 수도 없는 노릇이어서 고민을 하던 중 온 가족이 저렴한 가격으로 고기도 먹고 포만감을 채울 수 있는 외식메뉴로 닭한마리 칼국수를 취급하기로 하고 맛을 전수 받는 한편 홍보에도 신경을 썼다.

칼국수도 예전에는 1인분씩 별도로 나가던 것을 큰그릇에 내보내고 대신 개인접시를 주어서 푸짐하게 보이도록 서빙 방법을 바꿨다. 닭한마리 칼국수는 3인분을 기준으로 12,000원에 단가를 정하고 무쇠로 된 솥에 테이블에서 보글보글 끓여먹으면서 술도 겸할 수 있도록 하였다. 닭고기를 다 먹고 난 후에는 면을 넣어서 끓여먹을 수 있도록 하여 3명이 15,000원이면 충분히 식사도 하고 소주도 한 잔씩 즐길 수 있도록 하여 대단히 좋은 반응을 얻었다.

제 2의 IMF라고 하는 요즘 주변 갈빗집이나 다른 업소들의 매출이 줄고 있는 반면에 이 점포는 불경기에 맞는 적절한 메뉴를 추가함으로써 주머니가 가벼워진 직장인이나 가족외식수요를 잡아 오히려 매출을 올리는 결과를 낳았다.

이렇게 경기 성장이 둔화되고 사람들의 소비심리가 떨어질 때에는 저렴한 가격으로 푸짐하게 제공하는 메뉴를 소비자들은 좋아한다.

44. 24시간 영업으로 매출이 배가 된 순대국집

연신내 먹자골목에 가면 순대전문점이 있다. 순대 특유의 냄새를 없앤 맛깔스런 맛과 사장의 후한 인심으로 항상 손님이 북적대는 집이다.

이 집은 일년 내내 24시간 운영하고 있다. 1년 전만 해도 다른 식당들처럼 점심부터 시작해서 오후 10시까지 운영을 하는 집이었다. 그러나 지금은 12시가 넘은 시간에도 손님이 항상 붐비는 연신내의 명소가 되었다. 이른 아침에도 주변에서 밤을 새운 사람들이 간단하게 해장국으로 요기를 해결하려는 사람들로 아침 매출도 짭짤하다.

이 점포의 사장은 1년 전에 영업시간을 24시간으로 하면서 많은 고민을 하였다. 과연 밤늦은 시간에 사람들이 들어와줄까 하는 의문에서부터 매출이 오른다 해도 인건비나 나올 수 있을까 하는 걱정이 앞서 확신이 서지 않았다. 그러나 일단 시도해 보기로 하고, 인원을 충원하여 2교대 근무를 하기로 했다. 밤에 판매할 재료는 오후시간에 준비함으로써 밤 시간에는 단순하게 서빙을 할 수 있도록 하였다.

초기에는 매출도 잘 오르지 않고 매출실적도 들쑥날쑥하여 전혀 예측을 할 수가 없었다. 그러나 이 집이 24시간 영업을 한다는 것이 점점 알려지면서 매출이 늘기 시작하고 매출액도 고르게 나타나기 시작했다.

처음에는 24시간 영업이 어려운 점이 많았지만 지금은 체계가 잡혀 초기의 어려움이 많이 줄었다.

매출도 예전보다 2배 가까이 신장되어 밤 시간대의 매출이 전체매출의 40%를 차지한다. 이 점포의 경우 사장의 결단으로 기본 운영비는 얼마 늘어나지 않는 상태에서의 매출 증가로 수익은 예전보다 훨씬 늘어난 결과가 되었다.

그러나 모든 점포가 24시간 운영을 한다고 해서 다 매출이 오르고 수익이 늘어나는 것은 아니다. 위의 점포의 경우 첫째로 24시간 하기에 적합한 업종이고, 맛으로 인정을 받을 수 있었으며 주변에 오락실, PC방 등 밤늦게까지 영업을 하는 업소가 많기 때문에 새벽까지 손님이 있는 것이다.

위와 같이 업종이 대중적이면서 쉽게 접할 수 있는 업종이고 주변의 상권이 받쳐준다면 수익구조개선을 위해 24시간 영업도 한 번 고려해 볼 만하다.

45. 횟집에서 잘 나가는 순대전문점으로

등촌동에서 순대전문점을 운영하고 있는 A씨는 얼마 전까지만 해도 그 자리에서 횟집을 운영하는 사장이었다. 실평수가 약 18평정도 되는 점포였는데 처음에 자신이 예상했던 것보다 매출이 너무 오르지 않는 것이 그의 고민이었다. 아주머니 한 분을 두고 24시간 운영을 하는데 장사가 잘 되지 않아서 임대료까지 밀리는 실정에 이르렀다. 몇 번인가 그만둘까 하고 생각을 했지만 지금까지 들인 고생이 아까워서 마지막이란 심정으로 필자를 찾아온 것이다.

필자가 그 점포를 현장조사를 통해 판단하기에는 첫째로 업종선정에서 문제점을 발견할 수 있었다. 점포가 위치한 지역을 중심으로 1차 상권내에 소형 아파트단지가 밀집되어 있고 택시회사가 3개나 있었다. A씨는 이 점포를 시작하기 전에 일식집 주방에서 6년 정도 근무한 경력이 있었다. 그 때 생각으로는 자신의 경험도 살리고 친절하게 하면 횟집이 잘 되지 않겠느냐 하는 막연한 생각으로 점포의 입지조건을 무시하고 무리하게 횟집을 개업하게 된 것이다. 그러나 이것은 시작부터가 잘못된 것이었다. 주변상권이 일식집을 하기에 적합하지 않을 뿐더러 점포의 규모 및 시설 면에서도 어울리지 않는 선택이었다. A씨는 자신의 경험만 중요시하고 주변상권이나 점포의 조건을 너무 쉽게 생각한 것이다.

두 번째로는 메뉴 및 가격책정에 문제가 있었다. 시내 중심가의 시설이 잘 된 횟집에서나 취급할 만한 메뉴구성과 가격으로는 그 상권과 시설에 적합하지 않았다. 때문에 아무리 24시간 문을 열어 놓고 노력을 해도 손님이 들어오지 않았던 것이다.

필자는 우선 주변 서민아파트 주민과 택시회사를 주요 1차 고객으로 하고 업종을 물색하기 시작했다. 또한 A씨의 자금사정이 바닥이 난 상태였기 때문에 점포의 사정도 충분히 고려하였다.

업종은 대중적인 메뉴이면서 식사와 술을 겸할 수 있는 업종을 선택하기로 하였다. 1차적으로 감자탕 전문점, 순대 전문점, 동태찌개 전문점이 물망에 올랐고, 주변점포의 업종분포를 파악하여 최종적으로 순대 전문점으로 정했다.

A씨는 순대의 맛을 내는 노하우를 전수받는 한편 주방과 간판을 일부 개보수하여 재오픈을 하였다. 오픈 초기에는 플래카드 홍보와 대대적인 할인행사가 지역주민과 택시회사 직원들에게 많은 호응을 얻었다. 상권의 특성을 감안하여 24시간 운영체계는 그대로 유지하였다.

지금은 아주 잘 나가는 순대 전문점으로 자리를 잡았고, 직원도 2명이나 늘었다고 한다.

$46.$ 방 시설 개조로 매출을 배로 올린 닭갈비집

실평수 30평 규모에서 닭갈비집을 운영하는 집이 있다. 평일에는 70~80만원, 주말에는 80~90만원으로, 월 2,100~2,400만원의 매출을 올리고 있다. 저녁 장사의 경우 1.5회전을 기록하고 있으니 아주 양호한 편이다. 그러나 이 업소는 부진한 점심 매출을 증가시켜 매출액을 늘리고자 한다. 어떻게 해야 할까?

현재 식사 메뉴로는 닭도리탕(13,000원), 쟁반국수(10,000원), 막국수(3,000원), 갈비탕(4,000원), 육개장(4,000원) 등이 있다.

상황분석 및 해결방안

먼저 월 2,100~2,400만원 팔기 때문에 월 순이익만 7~8백만원이다. 총 30평 매장에서 이 정도의 부가가치이면 아주 장사가 잘 되는 편이다. 총 64좌석이므로 하루 저녁 판매 가능한 총 금액은 64좌석×80％×1.5회전×8,000원(객 단가)으로 계산해 보면 잘 해야 60~65만원 사이이다. 점심에 10~15만원 팔고 저녁에 손님으로 꽉 차면 하루 70~90만원을 팔므로 아주 장사를 잘하고 있는 케이스다. 그렇다면 매출액을 더 올리고자 하는 이 음식점 사장의 해결책은 상대적으로 약한 점심 장사를 보완하는 것이다.

　이 음식점의 상권은 저녁 술 손님 위주의 먹자골목 상권이다. 따라서 점심 메뉴를 보완한다 해도 한계가 있을 수밖에 없다. 또 점심에 많은 손님을 끌어 모으다 보면 그 손님이 저녁에도 같은 집에 오지 않으므로 저녁 장사에 안 좋은 영향을 미칠 수 있다. 그래서 3천원대의 닭곰탕 메뉴를 추가하려던 방안을 일단 보류하도록 했다(현재 닭갈비집과 어울리지 않는 점심 메뉴 갈비탕, 육개장은 가격이 싸도 잘 팔리지 않고 부진하다. 오히려 닭갈비집의 전문성만 떨어뜨릴 뿐이다).

　이 경우 점심 메뉴에서 해결책을 찾는 것은 자칫 빈대 잡다가 초가삼간 태우는 꼴이 될 수 있다. 그렇다고 객단가를 올리기 위해서 기존 닭갈비 가격을 올려서도 안 된다. 오히려 해결방안은 객단가를 올려서 매출을 올리는 것이다. 기존 닭갈비 메뉴를 모듬화시키거나 세트화시켜서 객단가를 올려 보는 방법이 있다. 기존의 5,500원대의 닭갈비는 유지하고 모듬 닭갈비나 '특 닭갈비'라고 해서 7,000원~1만원대의 닭갈비를 개발하는 방법이 있다. 아니면 메뉴의 조합을 통한 고가 메뉴를 추가시키는 방법이 있다.

　또 하나 방법으로 주말 매출이 활발하므로 배후단지에 있는 지역의 가족 손님이 충분히 앉아 먹을 수 있도록 방 구조로 일부 홀을 개조하는 방법이 있다(현재는 20~30대 남자들이 즐기기에 좋은 원통형 테이블 구조로 되어 있다).

　또 하나의 방법으로 옆 가게 공간을 얻을 수 있다면 가게 규모를 늘려가는 것도 한 방법이다.

　이 음식점 사장은 메뉴 조정이나 가격 조정이라는 위험 요소가 있는 방안은 피하고 홀을 일부 방 시설로 개조하는 방안을 채택했다. 그 결과 토요일과 일요일 매출액이 1백 만원을 넘어섰고, 평일에는 여자 손님이 많이 늘어나는 결과를 가져왔다.

47. 주택가에서 아구찜 전문점으로 성공하려면?

아구찜은 매콤한 맛으로 술꾼들에게 선호되는 음식이자 안주 음식이다. 그리고 매콤한 맛을 좋아하는 30~40대 주부층이 좋아하는 음식이다. 하지만 가격이 2~3만원으로 상대적으로 비싸서 자녀를 동반한 외식코스로는 쉽게 선택할 수 있는 음식이 아니다. 그래서 이런 아구찜, 해물찜 전문점은 주로 술꾼들이 몰리는 먹자골목에서 성업중이다.

그럼 이런 아구찜 전문점을 주택가에서 창업하려면 어떻게 해야 할까?

첫째, 어린이도 즐길 수 있는 메뉴가 있어야 한다. 예를 들면 아구 전골을 샤브샤브화시켜 맛깔을 살린 '아구 샤브샤브'와 같이 새로운 메뉴의 도입이 가능하다. 냄비에 육수를 넣고 여기에 각종 야채, 버섯과 아구를 넣어 보글보글 끓여먹는다. 육수맛도 매콤하지 않게 하여 자녀들도 즐길 수 있게 한다. 그리고 나서 이 육수에 칼국수 면이나 수제비를 넣어 즉석에서 끓여먹게 함으로써 식사까지도 가능하게 한다. 즉 아구요리를 기존처럼 매콤하게만 즐기는 것이 아니라 온가족이 함께 즐길 수 있게 하는 것이다. 아구 샤브샤브와 같이 가족 외식 손님을 유치할 수 있는 메뉴 도입이 필수적이다.

둘째, 주부고객을 손님으로 유치할 수 있는 적극적인 홍보가 필요하다.

주택가에 있는 만큼 술꾼들만으로 영업하는 것은 한계가 있다. 그래서 매콤한 아구찜을 선호하는 주부층을 끌어들이기 위해 아파트, 주택가 주부들의 낮시간 모임이나 계모임을 유치하면 대단한 성공을 거둘 수 있다. 이를 위해 부녀회장이나 반장 등에게 무료 시식권을 뿌려서 한 번씩 와서 먹어보게 하여 입소문이 퍼지도록 해야 한다. 특히 아파트 주부들의 입 소문은 대단히 위력적이다. 그리고 주부들은 꼭 점심을 먹기 위해 2~3시에도 여유롭게 오는 고객이 많으므로 이때 오는 손님에게는 커피 등과 같은 음료 서비스를 통해 오랜 시간 동안 수다 떨면서 놀고 가게 해도 좋다. 이왕이면 오랜 시간 발뻗고 쉴 수 있도록 앉은뱅이 의자 등을 갖춰 놓는 것이 좋다. 특히 주부들은 방에 쪼그려 앉는 것을 좋아하지 않기 때문에 이런 의자에 기대어 편히 쉬면서 즐기게 하면 많은 주부 모임을 유치할 수 있다.

세 번째, 1~2만원대의 상대적으로 부담이 가벼운 메뉴가 있으면 좋다. 오징어 보쌈이라든지 낙지볶음 같은 6천원대부터 1만 5천 원 정도의 수준이 부담 없으므로 적응하기 좋은 메뉴라고 볼 수 있다. 물론 상권적으로 저가격 메뉴를 굳이 넣지 않아도 되는 곳이 있지만 보통은 주택가의 중산층 고객에게 부담을 주지 않는 가격대가 필요하다.

48. 주택가에 자리잡은 치킨집 어떻게 활성화시키나?

동네에 들어오는 길목 입구에 자리잡은 치킨집이 장사가 안 돼 고전하고 있다. 치킨 외에 밤 2시까지 맥주도 팔고 하는데 하루 매출은 10만원을 넘기 힘든 상황이다. 오전부터 혼자서 닭 튀기랴 배달하랴 그리고 밤늦게는 졸린 눈을 비비며 한두 사람 있는 술 손님의 시중까지 들려니 몸은 몸대로 피곤한 상황이 지속되고 있다. 그렇게 고생하고도 낮은 수익 때문에 마음까지도 약해져 있는 상태다. 그렇다고 전면 인테리어를 다시 해 다른 업종으로 바꿀 형편도 안 된다. 돈이 들지 않는 범위에서 어떤 해결책이 좋을까?

상황분석 및 해결방안

우선 치킨집은 어린이를 잡아야 승부가 빠르다. 어린이들은 브랜드를 좋아하고 세련된 캐릭터 등을 좋아한다. 그럼 개인 브랜드의 열세를 어떻게 극복할 것인가?

첫째, 메뉴에 있어서 어린이를 겨냥한 '어린이 치킨'을 도입한다. 뼈 없는 튀김에 어린이가 좋아하는 맛의 소스로 차별화시킨다.

둘째, 현재의 전화번호를 기억하기 쉽게 929-5592(구이구-꼬꼬구이)
로 바꾼다(현재 사용중이지 않음을 확인하고 추천함).

셋째, 어린이와 젊은층까지 점점 인기가 높은 일본식 돈까스 메뉴를 추
가하여 함께 배달한다.

넷째, 배달할 때 빨간색 배달 조끼를 입고 배달, 배달하면서 광고효과
까지 노린다.

다섯째, 여러 번 시키면 시킬수록 푸짐한 보너스 혜택을 주는 단골 고
객 우대 제도를 시행한다. 1회 주문시 폐식용유 비누(튀기고 난 기름으로
만든 비누), 3회 주문시 만화 캐릭터의 병따개, 5회 주문시 어린이 치킨,
10회 주문시 통닭 한 마리 등의 보너스를 통해 단골 고객을 확보한다.

여섯째, 튀김 시설인 튀김기를 가게 전면에 노출시키고(가게 전면 유리
창을 뜯어 냄) 튀겨진 닭도 외부에서 보일 수 있게 함으로써 시각적으로
지나가는 사람의 발걸음을 붙잡는다.

49. 보쌈집 영업 활성화 사례

개점 후 2개월 지난 3개월 시점에서 매출이 저조한 보쌈집의 영업 활성화 사례이다. 입지는 5천 세대 정도의 아파트 단지를 배후에 끼고 있고 앞 블록 대로변에는 은행과 다양한 판매업종이 들어섰다. 배달을 원하는 수요도 충분하고 자영업자의 일부 점심과 저녁 손님도 유치 가능한 곳이다. 주택가의 가족 외식 손님도 유치가 가능하다. 하지만 2개월째 매출은 하루 7~10만원 수준으로 어려운 상황이었다. 2개월 동안의 요일별 매출액을 보면 금요일과 주중에 높고 주말에는 약하다.

요일	월	화	수	목	금	토	일
평균매출액	98,000	69,000	96,000	70,000	108,000	53,000	59,000

주택가 상권은 토요일, 일요일 매출이 강해야 하는데 그 반대의 수치가 나오는 것을 보면, 주요 손님 대상인 주택가 손님이 전혀 없다는 것을 알 수 있다.

메뉴를 보면 보쌈 중에서 1만원대 小 사이즈의 보쌈이 잘 나가고 2만원대 大 사이즈는 잘 팔리지 않고 있다. IMF 이후, 특히 대우 자동차의 부도

로 영향을 받는 지역에서는 2만원 이상의 메뉴에 부담을 느끼는 것을 알
수 있다.

가격대별 판매수량

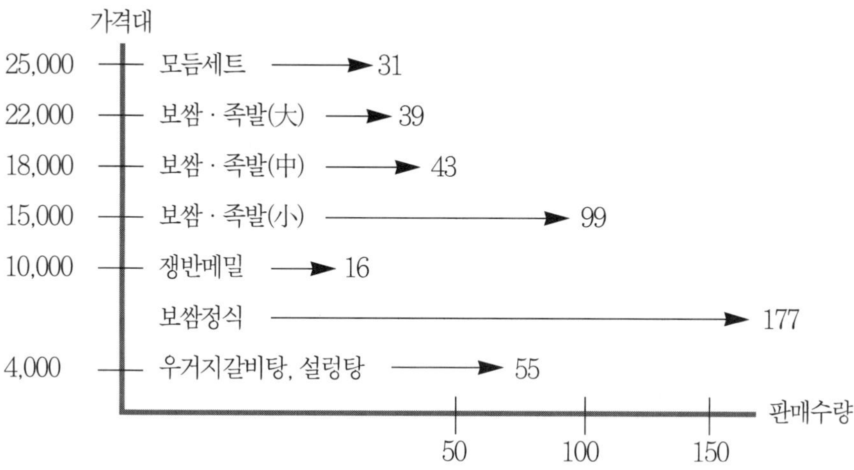

직접 이 음식점을 방문해서 관찰 조사한 결과, 주문 후 음식 나오는 시간
이 길다는 점, 서빙하는 주인의 얼굴이 차갑다는 점 등이 지적됐고 일부 음
식은 전날의 음식이 그대로 나오는 등 신선도에 있어서도 문제가 있었다.
그리고 배달 전문점의 핵심이라고 할 수 있는 전단지 뿌리는 것이 소량의
신문 삽지 배포 외에는 없었다는 점이 홍보에 있어서 결정적인 문제였다.

해결방안

첫째는 주택가를 공략할 수 있는 메뉴도입이다.

특히 보쌈을 꺼려하는 어린이나 주부층을 대상으로 한 새로운 보쌈 메
뉴가 꼭 필요한 상황이었다. 해결책은 매콤한 맛이 나고 누구라도 즐겨 먹

는 "오징어 보쌈" 메뉴를 적용시키는 것이었다.

둘째는 가격에 있어서 부담 없는 1만원대나 그 이하의 메뉴를 만들어야 한다. 주변에 잘 되는 갈빗집의 경우 생삼겹살이 1인분에 5~6천원인 점을 감안하여 대응해야 가족 외식 손님을 끌어들일 수 있다. 그래서 오징어 보쌈 가격을 6천원에 책정했다.

셋째는 전단지를 많이 뿌려야 하는데 음식점 주인이 전단지 뿌리는 것을 힘들어하므로 현수막 등을 통해 적극적으로 알리게 했다.

넷째는 새로운 메뉴 도입을 강하게 인지시키기 위해 이벤트를 덤으로 전개했다. 바로 '딱 3일간 2천원 서비스' 와 사은 행사를 동시에 펼치게 했다.

현수막

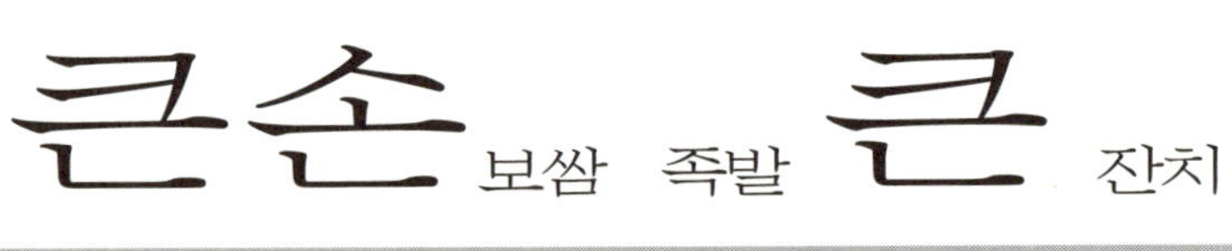

전단지

（잔치 1）　오징어 보쌈 - 6,000원(1인분)

신 메뉴의 개발 기념으로
'딱 3일간 2,000원'에 서비스합니다
〈기간 : 0월 0일 ～ 0월 0일〉

（잔치 2）　**어린이 동반 고객**에게는 일본식 정통 돈까스를
무료로 제공합니다.

（잔치 3）　**2만원 이상 구매 고객**에게는 보쌈 김치를
무료로 드립니다.

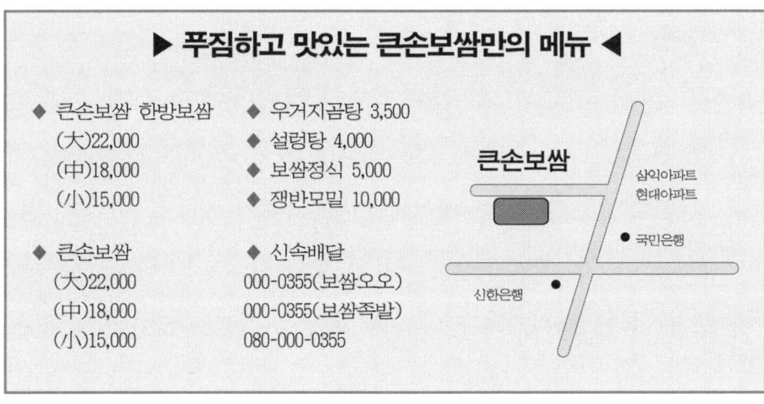

50. 매출이 늘지 않던 대형 해장국집 영업 활성화 방안

유동인구와 차량 흐름이 많은 전철역 4거리에서 150m 떨어진 대로변 입지에 100평 규모의 큰 해장국집을 새롭게 개업했다. 오픈 후 2주만에 주방장이 두 번 바뀌는 우여곡절이 있었긴 하지만 해장국 맛도 좋았고 시설도 깨끗하고 주차장도 갖추고 있는 장사하기 좋은 조건을 갖춘 집이다.

굳이 불리한 점이라면 2층에 자리잡았다는 것 말고는 간판도 크게 보여 가시성도 좋은 가게였다. 물론 8차선 도로 길 건너편에 은행, 증권, 보험사 등 큰 빌딩과 병원 그리고 나이트 클럽 등 유흥시설이 발달되어 있어 길 건너편 상권이 더 유리하겠지만 현재 이 해장국집 옆집에도 유명한 패스트푸드 체인점이 있고 뒤에는 주택가의 배후 인구가 있어 음식 장사하기에 나쁘다고 볼 수 없는 좋은 입지였다. 그런데도 손님이 들어올 생각을 하지 않는다. 그럼 왜 이 집은 이렇게 썰렁할까?

첫째, 이 집이 어떤 음식점('큰 집 해장탕')인지를 바로 쉽게 알 수 없다는 점이다. 손님들은 지나가다 보면서 해장국집인지 내장탕집인지 설렁탕집인지 한 번쯤 고개를 갸웃거린다. 어떤 음식인지도 모른 채 굳이 먹으러 들어가지 않는 것이다. 이름은 차별화된 이름과 맛깔스런 이름으로 짓

되 전혀 낯선 메뉴를 이름으로 쓰는 것은 제고해야 한다.

둘째, 상권에 맞는 메뉴 구성이 잘못됐다는 점이다. 해장국 중심의 식사 메뉴, 회전율 중심의 영업 개념으로 잡은 해장국, 곰탕, 갈비탕 등의 메뉴가 있으나 저녁 메뉴는 약했다. 즉 길 건너편의 직장인들이 점심때 그리고 저녁 식사 때 8차선 도로의 횡단보도를 건너오지 않는 것이다. 바로 뒤에도 먹자골목이 형성되어 있어 먹거리가 많은데 굳이 불편하게 신호대기 하면서까지 누가 건너가겠는가? 이 8차선 도로는 거리 개념으로 보면 몇 미터 떨어져 있지 않지만 차량통행이 빠르다는 점까지 고려하면 실제는 1㎞ 이상 떨어져 있는 것처럼 상권이 단절돼 있다. 이렇게 단절된 상권에서 건너편 빌딩의 식사인구 중심의 메뉴나 해장국과 같은 회전율 위주의 메뉴만으로는 한계가 있었던 것이다.

오히려 배후 단지의 주택가 가족 손님, 인근 사무실의 저녁 술자리 손님에 초점을 둔 메뉴가 더 필요했다. 그래서 버섯 생불고기, 갈비살, 전골 설렁탕과 전골류 등 술과 함께 저녁을 먹을 수 있는 메뉴가 필요하다. 이런 메뉴 도입과 아울러 간판에 해장국과 버섯 생불고기 등 대표 메뉴를 내세우는 것이 좋다. 이왕이면 음식 사진을 당당히 내거는 것이 더 효과적이다.

셋째, 100평 공간이 테이블만 빽빽하게 늘어서 있다는 점이다. 따라서 중간에 낮은 파티션을 설치, 가족 외식이나 단체 모임과 저녁 술 모임에 편하고 아늑한 분위기를 만들어 썰렁함을 없애는 것이 필요하다. 중간 파티션 칸막이에 화분까지 올려놓는다면 한결 더 분위기는 살아난다.

넷째, 개점 이후 대로변 100평이라는 시설만으로 장사가 될 것이라 믿고 전혀 광고활동을 하지 않았다는 데 있다. 어차피 배후 단지의 주택가 손님을 공략해야 한다면 초기에 활발한 광고활동을 통해 알리고 한 번 와서 먹어 보게 하여 단골 고객으로 만들어야 한다. 전단지 배포, 딱 1천원 서비스 현수막 부착, 저녁 메뉴 무료 시식권 배포, 차량 퍼레이드(플래카드 등 광고 포스터를 차량에 부착), 스카이 댄서, 응모권 추첨 행사 등의 아이디어가 입체적으로 종합적으로 전개될 때 더 효과가 있다.

현수막

전단지

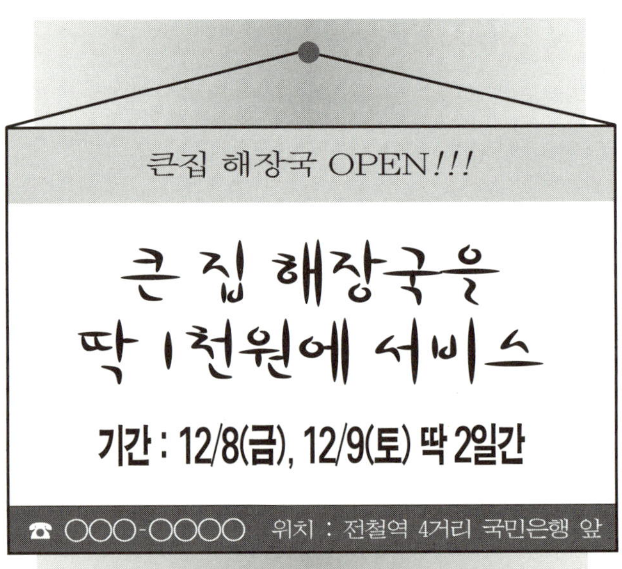

51. 개점 후 매출이 바로 늘지 않던 설렁탕 전문점

설렁탕 전문점으로 개점해서 1개월 째 하루 평균 20~30만원 수준의 매출을 올린다. 아직 1개월이 채 지나지 않았지만 수지타산이 맞으려면 하루 50만원 이상 팔아야 하는 상황이다. 매출 내역은 점심시간에 설렁탕 50그릇 정도 팔고 저녁에는 손님이 거의 없다. 점심 메뉴로는 설렁탕, 도가니탕, 꼬리곰탕이 있고 술안주 메뉴로는 전골설렁탕, 갈비살, 수육 등이 있다. 이 설렁탕 전문점이 자리잡은 상권과 입지상 특성은 유동인구가 많은 곳에서 회전율 중심으로 영업하는 곳은 아니었다. 주로 경찰서, 증권회사, 은행 등의 직장인을 상대로 하는 고정적인 배후인구 대상의 음식점이었다. 이 설렁탕집은 국물이 맛있다는 평가도 받고 있으며, 이 집만의 독특한 메뉴인 전골설렁탕에 대한 반응도 좋았다. 전골 설렁탕은 안주 개념도 곁들여진 요리로서 저녁 손님 유치에 좋았다.

1개월 지난 시점이라 조금 이른감은 있었지만 어쨌든 영업활성화 방향을 찾아야 했다. 어떤 부분을 개선해야 영업이 활성화될까?

먼저 해결해야 할 첫 번째 과제는, 상권과 현재 영업상황에 맞는 메뉴 보완이다. 저녁에 와도 안주거리가 충분해서 즐기기에 부족함이 없도록 해 주고 점심 메뉴는 유동인구가 아닌 만큼 다양화가 필요했다. 매일 설렁탕만 먹을 수는 없는 일이므로. 점심 메뉴로는 같은 사골국물로 맛을 내는 사골 매콤 만두와 버섯육개장을 추가하였고, 저녁에는 술과 함께 즐길 메뉴로 버섯생불고기, 낙곱전골 등을 보완했다.

두 번째 해결해야 할 과제는, 이 설렁탕집을 좀 더 강한 인상, 맛깔스런 집으로 이미지를 강화시키는 것이다. 예를 들면 설렁탕집의 특징, 이미지를 '한방재료를 사용해서 몸에 좋은 설렁탕집' 으로 이미지를 심어주는 작업이다. 이 이미지 강화를 위해 전골설렁탕에 들어가는 녹각, 수삼, 당귀, 대추 등 한방재료의 서빙 방식을 바꾸었다. 기존에는 전골설렁탕의 전골냄비에 이미 한방재료가 들어간 채 육수를 바글바글 끓여서 먹게 했으나, 이제는 전골냄비에 육수만 채운 후 별도의 작은 접시에 한방재료를 담아 손님이 보는 앞에서 냄비에 넣어주는 서빙 방식으로 바꾸었다. 몸에 좋은 한방재료를 직접 보여줌으로써 시각적 효과와 맛깔을 살린 것이다.

또 전골냄비그릇도 현재 사용중인 스텐레스 냄비를 무쇠 솥으로 교체했다. 이렇게 함으로써 전골설렁탕의 독특성을 가시화시키고 전골설렁탕의 맛도 맛깔스럽게 보여줄 수 있는 효과를 노릴 수 있었다.

이런 시각화를 통해 맛깔을 살림은 물론 후각효과까지 살리는 방안을 입체적으로 전개했다. 즉, 홀 입구에 당귀, 칡, 생강, 인삼 등 한약냄새가 잘 나는 한방재료를 끓여내서 음식점 안에 들어오자마자 아니면 음식점 밖에서도 그 냄새가 솔솔 나도록 하는 것이다. 마치 한약방에 들어온 것 같은 느낌을 주는 것이다. 좋은 한방재료를 써서 몸에 좋다는데 누가 싫어할 것인가. 그리고 나서 이때 끓인 물은 후식음료로 제공하면 금상첨화다. 이 한방 재료를 끓여낸 양이 충분하지 않다면 단골고객이나 VIP고객한테라도 서비스한다.

셋째는 새로운 고객층을 발굴하는 것이다. 인근 직장인 중심에서 배후에 있는 아파트단지의 주부층으로 고객층을 확대할 필요가 있었다. 이를 위해 부녀회장, 반장 등에게 무료 시식권을 주어 입소문을 내게 하는 것이다. 주부들 사이에 좋은 입소문만 나면 효과는 아주 크다.

넷째는 메뉴가 바뀌고 맛깔을 살렸다는 점을 부각시켜 전단지, 플래카드, 명함사이즈 광고, 지역신문 기사게재 등 홍보를 활성화한다.

다섯째는 고객서비스의 개선이다.

먼저 음식점 사장의 굳은 얼굴표정과 어색한 웃음을 고치는 것뿐 아니라, 아직 몸에 배지 않은 탓도 있지만 매끄럽지 못하고 세련되지 못한 서빙 방법에 대한 재교육도 필요했다. 예를 들면 아직도 서빙하는 직원이 고객보다는 주방 쪽만 바라보고 있다거나, 손님이 손들고 소리지를 때까지 손님에게 필요한 것을 제때 제때 서빙하지 못하고 있다거나, 갈비살이 지글지글 타고 있어도 나 몰라라 하는 모습 등은 반드시 재교육을 통해 고쳐야할 부분이었다.

52. 푸드코트에서의 음식점 창업시 성공 포인트

푸드코트란 대형 쇼핑몰이나 백화점 등의 한 개층 전체에 다양한 음식점이 몰려 있는 곳을 말한다. 이런 푸드코트는 주방만 각각 따로 쓰고 테이블은 함께 사용하므로 공동 테이블이 모두 내 손님으로 채워질 수도 있고, 아니면 남의 손님만 멀거니 쳐다보게 될 수도 있다.

다른 음식점들은 음식점 안까지 발길을 끌어들이는 것이 포인트지만, 푸드코트에서는 푸드코트 내의 다른 음식점과 경쟁에서 이겨야 하는 것이 포인트이다.

■ 첫번째 성공 포인트는 적절한 아이템 선정에 있다.

먼저 푸드코트 입점시 아이템을 지정하는데, 이때 아이템간의 독점성을 인정해 주는 곳에서는 아이템 선정이 가장 중요한 요인이다. 아이템 선정은 어떤 고객을 대상으로 영업하느냐에 따라 두 가지로 나뉘어진다. 전체 상가 빌딩에 오는 핵심 고객을 상대로 하는 아이템인가, 아니면 상가 내 입점한 점원을 상대로 하느냐에 따라 아이템이 달라진다. 예를 들면 밀리오레나 메사 같이 패션빌딩에 찾아오는 손님은 10~20대인만큼 분식류, 라면 전문점, 돈까스 전문점, 우동 전문점, 케밥 전문점, 만두 전문점 등이 유리하다. 반면 입점한 점주나 사무실 직원을 대상으로 할 경우는 김치찌개, 된장찌개 등과 같은 한식류, 냉면, 설렁탕류 등이 유리하다. 모든 아이템에 있어서 특징은 조리가 간편하고 배달이 용이하며 회전율이 빠른 음식일수록 유리하다.

■ 두 번째 성공 포인트는 메뉴 간판에 들어간 음식 사진에 있다.

어떤 음식이든 맛깔스런 음식 사진은 효과가 크지만 푸드코트에서는 더욱 중요하다. 푸드코트에 들어오는 손님들은 먼저 무얼 먹을까 하고 여러 음식점을 죽 둘러보기 때문에 김이 모락모락 나는 맛깔스런 음식 사진, 침이 넘어갈 정도의 먹음직스런 음식 사진은 그 음식을 선택할 가능성을 높여주기 때문이다. 여러 음식점이 몰려있는 상황에서 맛깔스런 메뉴 사진은 곧 우리 음식점으로 들어오게 하는 중요한 포인트인 것이다.

■ 세 번째 포인트는 그릇과 배달용 케이스에 있다.

음식을 담는 그릇은 일반적으로 사용되는 그릇보다 튀는 것이 좋다. 아주 큰 스텐 그릇에 비빔밥을 내 놓는다든지, 그릇 밑받침을 조금 높게 만들어 눈에 띄도록 한다든지, 돈까스 접시를 넓고 큰그릇으로 사용하여 눈에 띄도록 하는 등 그릇에 있어 다른 집보다는 톡톡 튀게 할 필요가 있다.

사람들은 음식점을 돌아보면서 무엇을 먹을지 고민할 때 메뉴 사진뿐 아니라 다른 사람들이 먹고 있는 음식도 본다. 이때 눈에 띄는 그릇을 먼저 보게 되고 그 음식이 머릿속에 각인된다.

또 하나의 포인트는 배달용 케이스다. 중화요리 집에서 흔히 사용하는 철가방이나 동그란 쟁반에 음식을 세팅한 뒤 그 위에 신문지를 덮어 배달되므로 약간은 지저분하고 비위생적으로 보인다. 그러나 깔끔하고 깨끗하게 만들어진 케이스로 배달된 음식은 질적으로 다르게 느껴진다. 특히 2~3평의 좁은 판매 매장에서는 먹을 때뿐 아니라 먹은 후의 음식물 처리도 깨끗하고 깔끔하게 정리될 수 있는 케이스가 중요하다.

■ 네 번째 성공 포인트는 인력관리이다.

소매뿐 아니라 도매까지 겸하는 상가 내 푸드코트라면 한밤중인 새벽이 오히려 피크타임일 수도 있다. 이런 점포는 낮부터 아침까지 거의 18~20시간을 영업하는 경우가 많다. 그러므로 야간인력의 관리를 잘 해야 그 맛을 한밤중에도 그대로 유지할 수 있다. 인건비도 적절히 조절해야 한다.

53. 오리 전문점의 성공 포인트는 이것!

　　오리 요리가 고급 오리 전문점에서 대중화된 전문점으로 바뀌며 붐을 타고 있다. 그러나 아직도 고급요리나 보신식으로 특정층만이 즐기는 음식으로 인식되어 있어 여성층이나 젊은층들은 접근하기 어려운 음식으로 여긴다. 특히 오리 고기의 우툴두툴한 껍질 때문에 혐오시하는 사람도 있다.

　　그러나 지금은 기존의 느끼하던 '탕' 중심에서 어린이나 여성층도 즐기기에 좋은 연훈제요리, 통훈제요리, 오리 불고기, 오리 로스 등 다양한 요리방식으로 이를 극복하고 있다.

　　오리 전문점의 성공 포인트는 여성층, 젊은 신세대층에게도 어필되는 맛을 내는 것이 1차적으로 중요하지만, 그들에게 오리에 대한 심리적 거리감을 없애주는 것이 성공의 첫번째 관건이다.

　　따라서 전단지 샘플에 나온 것처럼 '내 몸에 좋은 오리' 와 같이 친근감이 느껴지는 상호가 좋다. 재미있는 캐릭터를 함께 사용한 이유도 사람들이 오리 요리에 부담 없이 다가오게끔 하려는 의도가 보인다.

둘째는 메뉴 구성에 있어서 오리를 혐오시하는 사람들을 위해 부담 없이 접근할 수 있는 메뉴를 추가하는 것도 필요하다. 물론 상권이 넓고 많은 사람을 상대로 하는 좋은 입지라면 굳이 다른 메뉴를 추가하지 않아도 된다. 그러나 일반 먹자골목이나 주택가에 들어선 오리 전문점은 식사 메뉴와 함께 갈비살이나 버섯 생불고기, 닭 백숙 등을 추가하여 오리 전문점의 문턱을 낮추는 것이 필요하다. 물론 전혀 이질적인 메뉴를 넣어서 전문성을 떨어뜨리거나 마치 장사가 잘 안 돼서 억지로 끼워 넣는 식의 메뉴 추가는 금물이다.

셋째는 메뉴도 친절하게 설명할 필요가 있다. 연훈제요리나 오리 불고기, 오리 로스는 요리 방식이 어떻게 다른가에 대한 설명을 해주거나 오리고기가 왜 몸에 좋은지에 대해 설명해 줌으로써 오리 요리에 대한 거리감을 없애는 것이 중요하다.

넷째는 막연히 비싸다는 인식이 있으므로 비싸지 않다는 것을 보여 줄 필요가 있다. 전단지를 꼼꼼히 살펴보면 오리 요리가 일반 손님에게도 부담 없이 접근할 수 있는 요리라는 것을 보여주도록 노력한 흔적을 발견할 수 있을 것이다.

54. 왜 우리집은 나이가 많은 손님들만 오지?

아주 토속적인 인테리어와 상호로 오픈한 가게가 있다. 외관도 그럴듯하게 꾸몄고 내부도 아주 신경을 썼다. 음식맛도 좋아 그런대로 장사가 잘 되었다.

그런데 이 가게 사장의 고민은 다른 데에 있었다. 처음에는 젊은층을 대상으로 영업을 하고 싶었는데, 시간이 흐를수록 젊은이들은 점차 줄어들고 나이가 지긋한 중장년층 손님만 늘어나는 것이었다. 그럴수록 매출은 더 이상 늘어나지 않고 손님들 시중을 들어주는 시간만 늘어나게 되자, 사장은 '내가 이러려고 장사를 시작했나' 하는 생각이 든 것이다. 자신은 젊은층이나 세련된 직장인을 대상으로 회전율이 빠른 영업을 하려고 했던 것인데 예상이 빗나간 것이다.

요즘 들어서 이러한 문제로 필자를 찾아오는 사장들이 종종 있다. 대체로 이런 점포들은 점심장사가 약하고 영업시간이 긴 것이 특징이다. 또 하나는 토속적인 인테리어와 민속소품들을 이용하여 독특한 인테리어를 한 곳이 많다. 그러나 고객들은 이런 점포에 대해서 한정된 이미지를 가질 뿐 사장만큼 다양한 생각을 하지 않는다. 때문에 사장이 오픈 초기에 분명한 영업계획을 세우고 거기에 맞게 모든 것을 준비해 나가지 않으면 위의 점포처럼 낭패를 보게 되는 경우가 많다.

상담을 하면서 위의 점포는 사장이 분명하게 영업계획을 가지고 있지 않다는 점을 발견하였다. 또한 사업과 자기 자신의 취향을 구분하지 못한다는 문제점도 발견하였다. 이 점포에서 취급하는 메뉴, 분위기, 그리고 실내에 흘러나오는 음악들이 철저하게 중장년층의 향수를 자극할 만한 것으로 이루어져 있는데 젊은층이 다시 오기를 바라는 것이 잘못된 것이다. 필자가 보기에는 이러한 분위기라면 한 번 온 젊은층은 특별한 이유가 없는 한 다시는 그 점포에 오지 않을 것 같았다. 실제로 이 점포는 중년의 여사장이 운영을 하고 있었고 자신도 그런 분위기와 음악이 좋다고 했다.

그렇다면 이 점포는 이제 결단을 내려야 할 단계에 와 있다. 앞으로도 계속 나이 많은 손님을 꺼릴 것인가, 아니면 영업방향을 바꿔 중장년층을 대상으로 좀더 적극적인 영업방법을 택할 것인가?

필자가 보기에는 모든 여건을 생각할 때 후자를 택하는 것이 현명한 방법이 아닌가 한다. 음식점은 고객을 최우선으로 하는 사업이고 사업인 이상 고객들에게 우리 점포가 그렇게 보여진다면 무리하게 자신의 취향을 고집하지 말고 철저하게 장점을 살려나가는 것이 최선의 방법이다.

전문음식점 실전 창업전략

이미 입증된 성공 전략

55. 칼국수 전문점 창업전략

지금 칼국수 전문점의 흐름은?

모든 제품이 그렇듯이 음식점도 뜨고 지는 유행이 있어서 음식점을 창업하고자 하는 사람에게는 이만저만 고민이 아니다. 칼국수 하나만 놓고 보더라도 유행이 있음을 알 수 있다.

정통 칼국수는 밤새 사골을 푹 고아서 국물로 진하게 육수를 만들어 면을 넣고 끓인 사골 칼국수였다. 지금도 오래된 칼국수 집은 대부분이 사골 칼국수를 취급하고 있다. 하지만 사골로 만들어 내는 칼국수는 재료비용이나 시간이 많이 들기 때문에 가격이 비쌀 수밖에 없다. 이런 점에서 일반 서민들이 즐겨먹기엔 부담스러웠던 것이 사실이다. 그 후 사골 칼국수 대신 보다 대중적인 재료인 닭고기, 닭뼈로 비슷한 맛을 낸 닭 칼국수가 등장하여 선풍적인 인기를 끌었다.

하지만 90년대 들어와 닭 칼국수도 퇴조하고 말았다. 소비자들에게는 이 육류

맛이 어느 정도 식상해졌기 때문이다. 쇠고기나 닭으로 우려낸 육수를 점점 느끼하게 여기면서 담백하고 개운한 맛을 찾게 된 것이다. 이런 입맛의 변화에 맞춰 해물 칼국수가 붐을 타더니 한 걸음 나아가 바지락 칼국수가 현재 유행 중에 있다. 바지락 칼국수는 저렴하게 즐기기에 적합해서 IMF의 영향과 입맛의 흐름과 맞아 떨어져 붐을 타고 있지만 이미 성숙기에 있다고 봐야 한다.

그럼 다음에 이어질 유행 칼국수는 뭘까? 바지락 칼국수의 단점인 포만감을 느끼도록 보완한 칼국수가 등장할까, 아니면 개운하지만 구수함을 보완한 칼국수가 나올까, 아니면 사골이나 닭 칼국수로 회귀할까? 이를 전망해 보면 구수한 맛이 부족하므로 이런 구수함을 보완한 황태 칼국수, 장기적으로는 고기 육수나 해물 육수가 아닌 새로운 칼국수나 혼합형태의 새로운 맛의 칼국수가 나올 것으로 보인다.

칼국수 전문점의 성공 포인트

칼국수 전문점을 운영하는 경영주들의 가장 큰 고민은 저녁 메뉴 문제이다. 특히 저녁에 술과 함께 먹을 수 있는 메뉴 적용에 많은 고민을 한다. 칼국수는 회전율이 높은 음식이므로 하루에 3~4회전 이상의 회전율을 유지해 줄 정도의 유동인구나 배후 인구가 받쳐주는 상권이라면, 혹은 많은 고객을 끌어들일 수 있는 대형 음식점이라면 저녁 메뉴 걱정을 하지 않아도 된다.

문제는 점심에만 반짝하다가 저녁에는 파리 날리기 십상인 가게가 많다는 점이다. 칼국수 집에는 술과 함께 먹을 메뉴가 부족한 것이 뻔한데 굳이 그런 집에 누가 가겠는가? 흔히 저녁 메뉴로는 보쌈을 취급하는데 이것만으로는 저녁 술손님을 끌어들이는 데 한계가 있다. 그렇다고 저녁 술손님에게 인기가 있다고 생고기를 적용하는 경우도 있으나 조리 효율, 불 판 등 조리시스템이 맞지 않기 때문에 고객으로부터도 칼국수 전문점으로서의 이미지만 떨어뜨릴 수 있다.

그럼 바지락 해물 칼국수 집에 적용 가능한 적절한 메뉴로는 조리 효율과 재료의 연관성, 주방 조리 시스템 등을 감안하여 해물 철판요리, 해물찜, 오징어 보쌈 등이 적당하다. 또는 기존 칼국수를 응용 발전시켜 해물 샤브 샤브 칼국수라는 신 메뉴로 개발, 술과 함께 곁들여 먹을 수 있게 하는 것도 가능하다.

맛깔은 이렇게 살린다

칼국수 집의 성공요인으로 흔히 맛을 많이 얘기한다. 그만큼 맛이 중요하다. 하지만 최근에는 맛 못지 않게 맛깔이 중요하다. 더욱 맛있게 느껴지고 맛있게 보여지는 맛깔을 잘 살려야 성공할 수 있다.

첫째, 풍성한 양이다. 큰그릇에 푸짐하게 주면 맛있게 느껴진다 (칼국수의 식재료 원가율은 15% 정도이기 때문에 배불리 배 두드리며 먹을 수 있게 많이 줘도 큰 손해가 나지 않는다).

둘째, 면을 반죽하고 칼로 써는 것이 주방에서 하는 일이지만 손님이 볼 수 있는 홀의 중앙에서 칼국수 써는 것을 보여준다. 즉석면의 효과를 더

살릴 수 있고, 즉석에서 반죽하는 모습을 보여주므로 더 맛있다는 느낌을
줄 수 있다.

셋째, 칼국수가 맛있게 보여지도록 메뉴판에 음식사진을 넣는다. 김이
모락모락나서 군침이 도는 맛깔스런 음식사진이라면 금상첨화다.

창업비용은 얼마나 들까?

실평수 30평 기준으로 전면 신규 창업시의 창업비용은 대략 5,100만
원 정도 들어간다.

항 목	비 용
인테리어	3,000만원
주방설비, 집기	1,500만원
판촉, 홍보, 인쇄물	300만원
기타(맛 전수비 등)	300만원
합계	5,100만원

56. 샤브샤브 전문점 창업전략

지금 샤브샤브 전문점의 흐름은?

샤브샤브란 얇게 썬 고기와 야채를 끓는 물에 살짝 데쳐 먹는 요리이다. 옛날 몽고 병사들이 전쟁터에서 큰 가마솥을 걸고 얇게 썬 고기와 야채를 먹던 것에서 유래되었지만, 현재는 세련되고 고급스런 분위기에서 데쳐 먹는 독특한 조리방법의 비싼 고급 요리이다. 한 끼 식사에 15,000원~25,000원 정도 하는 만만치 않은 가격이다.

얼마 전 여의도의 샤브샤브 전문점인 녹향의 창업 컨설팅을 진행한 적이 있다. 4개월 정도밖에 되지 않았는데 자리가 완전히 잡히지 않았음에도 불구하고 매출액이 줄지 않고 오히려 늘어나고 있는 추세였다. 장사 잘하고 있는 기존의 잘 나가는 업체도 매출액이 20% 정도는 떨어진 것 같다고 하소연하는 최근의 상황이고 보면 녹향의 영업결과는 대단하다. 깊은 불경기의 깊은 골에서 그만큼 위축되고 있는 외식 분위기이지만 새롭게 개업한 샤브샤브 전문점이 장사가 잘 되는 이유는 뭘까? 물론 '녹향' 만의 경쟁력 우위 요소가 있겠지만 음식 아이템의 관점에서 본다면 '샤브샤브' 아이템이 불경기에도 끄떡 없는 안정적인 음식 아이템이라는 점이다.

IMF 이후 중산층은 점점 그 층이 얇아지는 등 중간 지대가 없어지고 있다. 이런 분위기의 영향으로 중간 가격대 음식메뉴가 고전하고 있고, 아주 싼 단가의 음식들과 많은 양을 주는 음식메뉴가 주목을 받고 있다. 또한 부유층 대상의 샤브샤브와 같은 고가 음식을 취급하는 음식점은 상대적으로 덜 영향을 받거나 여전히 성업중임이 확인되고 있다. 이와 같이 샤브샤브 전문점은 불경기에도 크게 매출액이 줄지 않는 안정적인 아이템이다. 그럼 샤브샤브 전문점으로 성공하려면 어떻게 창업해야 할까?

적정 상권

지금까지의 샤브샤브 전문점은 고급 손님층이나 접대 손님이 겨냥층이었으므로 사무실 밀집지역과 배후에 고급 주택가가 있는 지역이 유리했다. 지금도 이런 상권에 주차장이 있는 입지를 고르는 것이 필수이다. 즉 사무실 상권과 고급 주택가 상권이 동시에 공존하면 금상첨화겠지만 굳이 두 상권 중 더 유리한 상권이라면 주택가 상권이다. 꼭 고급 주택가가 아니더라도 중산층이 몰려 있는 대규모 아파트 단지 상권도 좋다.

왜냐하면 최근 업무상 모임이나 직장인 회식과 접대가 많이 줄어들은 반면에 고급스런 분위기에서의 가족외식이나 주부들의 외식은 크게 줄지 않았기 때문이다. 실제로 상계동의 노원역 주변의 주택가에서 대형 샤브샤브 전문점이 성업중인 것을 보면 이러한 사실이 확인되고 있다. 그곳은 부유층이 그렇게 많지 않은 상권이다. 직장인 대상 오피스 상권도 아니다. 주부층과 가족외식 손님을 대상으로 성업 중이다. 이러한 사실은 샤브샤브 전문점이 기존 포화상태인 갈빗집의 어려운 매출 상황을 해결해 나갈 새로운 대안이 될 수 있음을 시사한다. 주택가에서 가족 단위로 흔히 먹던 갈비 대신 샤브샤브를 먹는 사람들이 늘고 있는 것이다.

메뉴 전략

가장 대표적인 메뉴는 쇠고기 등심을 사용한 쇠고기 샤브샤브다. 버섯 야채의 양을 늘린 버섯 쇠고기 샤브샤브, 그리고 해물을 사용한 해물 샤브샤브 등이 있다. 가격이 1인분 당 15,000원~25,000원 정도로 비싼 편이므로 상권에 따라서는 약간 부담 없는 메뉴가 추가로 필요하다. 8천원대의 상추쌈과 함께 먹는 상추쌈 샤브 정식이나 쇠고기 우동 전골, 국수 전골을 추가한다. 오피스가의 경우 점심에는 10,000원 대의 가격으로 런치 샤브샤브를 선보여도 된다. 최근에는 이런 샤브샤브가 대중화되면서 메뉴도 다양화되고 가격도 부담 없어지는 추세이다.

샤브샤브집에서의 메뉴 구성시 꼭 고려해야 할 요소는 술과 함께 먹을 수 있는, 즉 저녁에 배 두드리며 먹는 포만감을 느끼게 하는 메뉴가 부족하다는 점이다(물론 등심이나 갈빗집 등 고급 고깃집이나 한정식집에서 부대 메뉴로 샤브샤브를 취급하는 경우는 논외로 치고). 이의 해결대안으로 고기 슬라이서를 통해 생긴 부스러기 고기를 활용하면, 원가까지 낮은 자투리 고기를 활용한 메뉴를 개발하면 일석이조의 효과를 누릴 수 있다.

샤브샤브 전문점의 맛에 있어서 샤브샤브가 일식 요리이기 때문에 느끼한 뒷맛을 선호하지 않는 사람도 있다. 최근에는 소스도 우리 입맛에 맞게 한국화·한방화되는 경향이 있다. 가족 외식을 겨냥한다면 맛의 한국화는 더욱 필요하다.

원가 절감 전략

샤브샤브는 음식 서빙과 더불어 조리도 돕고 개인별로 서빙 요원이 음식을 분배해 주는 시스템이므로, 서빙 요원이 중요하고 인력이 많이 필요한 것이 현실이었다. 따라서 인건비 부담이 만만치 않았다.

고급 접대 손님만을 상대하는 샤브샤브 전문점이 아니라면 1인당 개별 불판 시스템으로 직접 조리해 먹게 하는 서빙 시스템을 활용하는 것도 한 방법이다. 이 방법은 서빙 요원을 대폭 줄일 수 있고 손님 입장에서는 기존에 함께 먹는 것보다 오히려 더 위생적이고 조리해 먹는 즐거움까지 있어 선호되고 있다.

창업비용은 얼마나 들까?

샤브샤브 전문점은 최소 35평 이상의 공간이 확보되어야 한다.

전면 신규 시설로 창업시 비용은 다음과 같다.

항 목	비 용
인테리어, 간판	5,000만원
주방설비, 집기	1,700만원
판촉, 홍보, 인쇄물	300만원
합계	7,000만원

물론 기존 시설을 활용하면 이보다 비용을 훨씬 절감할 수 있다. 만일 맛깔컨설팅을 통해 창업한다면 맛 전수비와 컨설팅료가 추가된다. 여의도 녹향의 경우 24평에서 현재 하루 평균 70~80만원 정도를 팔고 있다. 한 달 약 2천 만원의 매출액에서 인건비, 식재료 원가, 임대료 등을 제하고도 월 5백 만원 이상의 순수익을 올린다. 이 샤브샤브 전문점 녹향의 경영주가 전자 대리점을 운영하다 새롭게 음식업으로 뛰어든 초보자이고 총 창업자금이 1억원인 점을 감안하면 대단한 성공이라고 볼 수 있겠다.

57. 설렁탕 전문점 창업전략

지금 설렁탕 전문점의 흐름은?

설렁탕은 우리에게 익숙한 전통적인 국물 요리이다. 보글보글 끓여낸 진한 국물을 김치, 깍두기와 함께 먹는 맛이 일품이다. 설렁탕 전문점은 기존 한식집의 복잡한 메뉴에 지친 음식점 주인이나 새롭게 음식점을 창업하려는 초보 창업자에게 각광을 받고 있다. 무엇보다도 최근 관심을 끄는 또 다른 이유는 마진이 높다는 점이다.

반면 최근의 생고깃집이나 갈빗집의 경우는 어느 정도 포화상태에 이른 느낌이다. 이 점포들이 치열한 경쟁에서 살아남기 위한 방법으로 음식 값을 올리기는 어렵고, 옆 가게보다 부대 메뉴나 반찬 메뉴를 더 서비스해야 하는 상황이다. 이렇게 서비스하고 질 좋은 비싼 고기를 사용하면 식재료 원가는 50%를 육박하고 인건비, 임대료를 제하고 나면 남는 것이 없는 상황에서 고전하고 있는 것이다. 그래서 조리도 간편하고 마진도 높고 경우에 따라서는 24시간 운영하여 가게 매출도 더 높일 수 있는 설렁탕

전문점이 음식점 창업이나 업종 변경하기에 좋은 아이템으로 주목받고 있는 것이다.

적정 상권

설렁탕 전문점의 상권으로는 식사 인구가 많은 사무실 상권이 괜찮고 회전율이 빠르므로 차량 통행량이 많은 대로변도 좋다. 최근에는 대형화되면서 대규모 아파트 단지를 배후에 낀 입지에서 가족 외식개념으로 접근한 설렁탕 전문점도 성업중에 있다.

설렁탕 전문점의 적정 장소로는 사무실 상권, 대로변, 주택가 등 여러 지역에 적합하나 상권별로 창업 전략은 달라져야 한다. 회전율이 떨어져도 되는 상권의 경우는 솥밥과 함께 제공해도 되고 쌈밥 설렁탕으로 가격을 높여 운영하는 것도 가능하다. 주택가 같은 경우는 샤브 설렁탕으로 운영하면 가족외식 손님을 잡을 수도 있고, 지금까지 설렁탕집에서 술 먹기엔 한계가 있다고 여겼던 술손님도 잡을 수 있어 좋다. 대로변의 기사식당 같은 경우는 철저히 회전율 중심으로 24시간 운영할 수 있다.

메뉴 전략

기존 설렁탕 전문점의 영업상 애로사항은 저녁에 술과 함께 먹을 수 있는 메뉴의 부족으로 저녁 매출이 약하다는 점이었다. 일반 고깃집보다는 손님 일인당 매출 단가가 상대적으로 낮아 충분한 회전율이 받쳐주지 않을 경우 고전을 면치 못할 수도 있다는 것도 또 하나의 애로점이었다. 따라서 이런 점을 보완한 창업 전략을 수립해야 성공할 수 있다. 회전율이 받쳐주지 못하는 상권의 메뉴 전략으로 설렁탕 외에 생고기나 전골 메뉴를 추가할 수도 있으나 자칫 전문성은 떨어질 수도 있다.

또한 설렁탕과 함께 떡갈비나 석쇠 불고기를 세트화시켜 가격을 1만원이 넘는 가격대로 책정·영업할 수도 있다. 흔히 저녁 술안주로 수육을 함께 취급하는 것이 가장 일반적이다. 이런 수육은 자칫 식사 자리가 길어지면 식어서 맛이 많이 떨어지는 단점이 있으므로 서빙방법도 보완해야 한다. '샤브 설렁탕'이 그러한 단점을 보완한 사례로 볼 수 있다. 전통적인 설렁탕이 아니라 술과 함께 먹을 수도 있도록 새롭게 접근함으로써 기존 설렁탕의 한계를 보완하고 맛깔도 충분히 살렸다.

맛깔은 이렇게 살린다

그럼 설렁탕 전문점을 어떻게 창업해야 성공할까? 설렁탕 전문점은 조리가 간편하고 마진률이 높은 반면 상대적으로 자리잡기가 어려운 메뉴이다. 왜냐하면 새롭게 차린 음식점에서 내놓는 설렁탕의 진한 국물을 맛있다고 평가해 줄 미식가가 많지 않다는 점이다.

교대역에서 손님이 많기로 소문난 E 설렁탕집 근처에 그보다 규모도 크고 인테리어도 깔끔하게 해놓은 설렁탕집이 있다. 그 음식점 주인은 E 설렁탕집보다 더 맛을 내기 위해 좋은 재료를 쓰고 밤새 우려내어 맛을 내고 있으나 손님들은 그 맛을 제대로 알아보지 못하더라고 하소연한다. 그분의 말을 옮겨 적지 않더라도 설렁탕의 맛은 혀보다는 다른 요소로 맛을 느낀다.

즉, 눈에 보이는 시각적 요소나 후각, 청각, 맛있다는 소문, 이미지적인 요소 등을 통해 맛을 느끼는 것이다. 즉 보기 좋은 떡이 맛있는 것처럼 '맛깔'로 맛을 느낀다. 이처럼 설렁탕의 노하우나 맛 구별이 다른 음식보다 쉽지 않다는 점 때문에 이런 맛깔적인 요소가 더욱 중요하다. 설렁탕집에서 이런 맛깔을 살려 성공한 사례를 소개한다.

H 설렁탕집은 처음 개업하면서 하루에 딱 100그릇만 판다고 주인이 얘기한다고 한다. 그러니 그 설렁탕집의 국물맛이 얼마나 맛있다고 느끼겠는가? 고객은 맛을 그렇게 느끼는 것이다. 기가 막히게 맛깔을 잘 살린 사례다. 물론 지금은 그 아들이 대를 이어 아버지가 쌓아 놓은 맛있다는 이미지를 토대로 하루에 수백 그릇도 넘게 팔고는 있지만 말이다.

설렁탕집에서 흔히 활용하는 맛깔을 살리는 방법은 주방에 있어야 할 큰 가마솥을 홀이나 창 밖에 배치해 놓고 거기서 끓여내는 것이다. 김이 모락모락 나게 끓이는 것을 보여줌으로써 진한 국물맛을 눈으로 느끼게 해주는 것이다. 즉 눈으로 직접 보여준 셈이다. 이처럼 설렁탕 전문점은 맛있게 느껴지게 하는 노력, 즉 맛깔을 철저히 살릴 때 성공 가능성이 크다. 이제 국물맛에만 의존하는 시대는 지났다. 그럼 설렁탕 전문점의 창업은 어떻게 해야 할까?

차별화 전략

최근 들어와서 소비자의 외식경향을 보며 직장인 회식과 친구 등 모임 성격의 회식이 상대적으로 줄어든 반면 가족 외식은 여전히 유지되고 있다. IMF 이후 한때 주춤했던 외식도 이젠 회복되었고 오히려 고급화되는 추세이다.

사람들은 차를 몰고 가더라도 인테리어도 깔끔하고 세련된 집에서 먹고 싶어한다. 한때는 맛보다는 양으로 승부하던 고기 뷔페 같은 음식점이 잘 되는 것 같았지만 요즘은 주춤하는 것도 이런 데서 기인한다. 그리고 중산층과 그 이하 층이 가볍게 즐기던 칼국수의 인기도 멈칫

하는 것을 보면 이런 추세를 가늠해 볼 수 있다.

설렁탕도 이에 맞춰 차별화해야 한다. 첫째는 고급화시킬 필요성이 있다. 먹는 방식이나 세팅을 달리해서 가격대를 높일 필요가 있다. 둘째는 소비자들은 설렁탕을 '가벼운 식사는 가능하겠지만 외식으로는 약하고 그리고 술 마시기도 그렇고…' 라고 생각한다. 이런 문제에 대해 적극적으로 해결책을 찾아야 한다. 셋째는 아직도 일부 어린이층이나 여성층에서는 느끼한 맛 때문에 꺼려하는 점이 있는데 이를 보완할 수 있는 담백한 국물이나 이들이 즐길 수 있는 메뉴를 추가해야 한다. 마지막으로 앞에서 언급한 대로 '맛깔'을 철저히 살려 맛있다는 이미지를 팍팍 심어줄 때 국물맛을 자랑하는 전통적인 설렁탕 집을 능가할 수가 있다.

창업비용은 얼마나 들까?

실평수 30평 기준으로 신규 창업시 창업비용은 약 5,200만원 소요된다.

항 목	비 용
인테리어	3,000만원
주방설비, 집기	1,600만원
홍보, 판촉	300만원
기타	300만원
합계	5,200만원

58. 전문 종합 분식점 창업전략

지금 분식점의 흐름은?

현재 분식점은 학교 주변이나 오피스가, 주택가, 역 부근 등 어디를 가더라도 쉽게 볼 수 있다. 전국의 분식점수는 약 5만개 정도이고, 지금도 계속해서 창업되고 있으나 성공적인 창업을 하는 분식점은 그리 많지 않다. 게다가 프랜차이즈 회사까지 뛰어들어 우후죽순처럼 늘어나고 있다. 독립 점포 창업자의 경우는 기존의 식당과 프랜차이즈의 틈새를 파고든다는 것이 여간 어려운 일이 아니다.

현재 소비자들은 전문성 있고 차별화된 전문 분식점을 선호하고 있는 추세이다. 게다가 이런 전문 분식점들은 전문 메뉴 외에도 고객이 원하는 메뉴를 다양하게 취급하는 추세라서 기존의 종합 분식점이 설자리를 잃어가고 있다.

적정 상권

　종합 분식점의 규모는 주택가나 고등학교 주변에서 흔히 볼 수 있는 10평 미만의 기존 분식점과는 달리 15평에서 20평 정도가 좋다.

　그럼, 어떤 입지에 점포를 창업하는 것이 좋은가? 종합 분식점의 주 고객은 20대~30대이기 때문에 젊은 층의 사람들이 많이 모이는 역세권이나 대학교 상권, 오피스가 상권이 적당하다. 그 중에서도 큰 오락실이 있어서 많은 사람들이 다니는 곳, 극장 주변, 학원이 밀집해 있는 곳, 젊은 사람들이 원하는 스타일의 옷이나 액세서리들을 취급하는 점포가 많은 곳이 적당하다.

메뉴 전략

　많은 메뉴를 취급하는 단점 때문에 재료의 연관성이나 조리면에서 공통점이 있어야 한다. 또한 손님이 기다리는 시간을 단축시키려면 미리 조리될 수 있는 메뉴를 선택해야 한다.

　미리 국물을 끓여 놓고 면만 물에 해동해서 쓸 수 있는 우동, 카레, 돈까스 등도 괜찮다. 메뉴를 구성할 때는 3~4가지 주 메뉴를 정하고 거기서 파생되는 메뉴들을 만든다. 우동 같은 경우에는 우동 국물과 고명만 따로 준비해 놓으면 들어가는 고명에 따라서 김치 우동, 해물 우동, 오뎅 우동 등으로 다양하게 메뉴를 늘릴 수 있다. 가격까지도 고명 세팅에 따라서 추가로 올릴 수 있어서 좋다.

　또 하나 알아두면 좋은 점은 두세 가지 음식을 섞어서 세트 메뉴화시키는 것이다. 주는 양은 1인분이더라도 두세 가지의 음식을 먹기 때문에 가격이 조금 비싸도 부담을 느끼지 않는다. 세트 메뉴화하면 기존에 가지고 있는 음식을 활용해서 또 다른 이미지의 메뉴를 만들어 매출을 올릴 수 있다.

상호 및 인테리어 전략

종합 분식점이 성공하려면 전문성이 드러나야 한다. 그러면 어떻게 해야 하나? 바로 상호와 인테리어에 전문성을 부각시키는 것이다. 먼저 상호를 만들 때도 분식이라는 말을 넣지 않고 분식점을 대표할 수 있는 메뉴를 넣는다든지 또는 이를 활용한 상호를 쓴다. 예를 들어 Y우동, S우동 체인점은 상호에 전문 메뉴 우동이나 만두를 내세워 실제는 종합 분식점이지만 우동 전문점, 만두 전문점이라는 이미지를 심어 주었다. 아니면 새로운 감각의 세련된 이미지를 줄 수 있는 상호를 사용한다. '아줌마집, 또와집, 학교집' 처럼 구태의연한 이름은 이제 통하지 않는다.

다른 식당들을 곰곰이 생각해 보자.

돈까스 전문점인데 막상 안에 들어가면 메뉴판에 우동도 있고 소바와 초밥들이 들어간 경우가 있다. 또 우동 전문점인데 돈까스와 갖가지 일식 요리를 취급하는 경우가 있다. 분식점도 마찬가지로 그런 식으로 상호를 지어야 한다. 대표메뉴를 내세워 전문성을 강조하고 관련이 없는 메뉴도 같이 취급하는 것이다.

기존의 종합 분식점인 B분식은 초기에는 체인사업으로 많은 점포를 냈지만 나중에는 뒤처진 상호 때문에 체인점이 늘지 않자 'D우동' 으로 바꾸었다. 그러자 매출은 예전보다 월등히 올라갔고 체인 가맹을 원하는 사람들도 많아졌다. 이것은 상호가 얼마나 중요한지 입증하는 사례로 이것만으로도 종합 분식점의 상호에 전문성을 부각시켜야 한다는 것을 확인할 수 있다.

인테리어도 분식점이라고 해서 돈을 투자하지 않는다는 생각은 고쳐야 한다. 오히려 기존의 분식점이 살아남으려면 인테리어에 좀더 신경을 써야 한다. 물론 분식점 인테리어는 입지에 따라 다르게 해야 하지만 신세대 감각에 맞는 카페 스타일로 깔끔하고 세련되게 하는 것이 좋다.

창업비용은 얼마나 들까?

실평수 15평
완전 신규시설(점포 임대료 제외)

항 목	비 용
인테리어(간판 포함)	2,000만원
주방설비, 집기	1,200만원
홍보, 판촉	200만원
합계	3,400만원

59. 오리요리 전문점 창업전략

지금 오리요리 전문점의 흐름은?

흔히 '오리요리' 하면 어쩌다 한 번 건강을 생각해서 먹는 특수한 건강식이란 이미지가 강했었다. 실제 주변에서 오리요리를 쉽게 접할 수도 없었고 교외에 있는 가든형 식당에서 고스톱을 치면서 편하게 먹고 오는 경우가 허다했다. 오리요리 또한 일반인들이 쉽게 접할 수 있는 요리가 개발되지 않았었다.

그러나 요즘 들어서 새로운 형태의 오리요리 전문점이 주목을 받고 있다. 일반인들을 대상으로 쉽게 접할 수 있는 다양한 메뉴가 개발되고 주변에 오리요리 전문점이 속속 생겨나면서 성업을 이루는 중이다. 그 동안에 일부 고급화된 오리요리 전문점이 없었던 것은 아니다. 오리요리 전문점이 이렇게 대중화된 이유는 다양한 요리의 개발과 기존의 삼겹살이나 갈비에 식상한 일반 대중이 건강에도 좋은 오리를 식사와 외식 메뉴로 선호하게 된 데서 그 이유를 찾을 수 있을 것이다.

그럼 오리요리 전문점이 유리한 이유를 살펴보자.

■ 첫째, 오리요리는 현대인들에게 꼭 필요한 건강식품이다.

요즘 성공하는 음식점은 단순히 배를 채우는 음식보다는 음식의 맛도 즐기면서 건강을 생각하는 건강 지향적인 메뉴를 취급한다. 오리고기는 현대인들의 가장 대표적인 성인병인 동맥경화, 고혈압 등을 예방하는 건강식품일 뿐만 아니라 몸의 산성화를 막아주는 알칼리성 식품이다. 오리에 대한 효능은 동의보감이나 본초강목 등 여러 문헌에도 많이 나오지만, 이제는 건강에 관심이 많은 현대인들이 이를 어느 정도 잘 알고 있는 실정이다. 이것뿐만 아니라 오리요리는 미용과 산후 조리, 환자 회복 등 장수 보양식품으로 알려지면서 점차 수요가 확대되고 있다.

■ 둘째, 전문점화 · 대중화되고 있는 업종이다.

오리요리가 예전의 일부계층만 즐기던 특별한 요리에서 젊은층, 여성층, 어린이들까지 즐길 수 있는 요리가 개발되고 기존의 생고기, 갈비 등을 대체하는 직장인의 식사 및 회식, 가족의 외식 메뉴로 대중화되면서 급속하게 그 수요가 늘고 있는 대중화된 메뉴로 자리잡고 있다.

■ 셋째, 입지선정의 폭이 넓은 생활밀착형 아이템이다.

오리요리 전문점은 역세권이나 대형상권이 아니더라도 사무실 밀집지, 2차 상권, 신도시 등 대단위 아파트 단지의 상권에서도 성공할 수 있는 생활밀착형 아이템이다.

오리요리 전문점은 기존의 갈비, 삼겹살을 대체하는 대중화된 오리요리 전문점을 표방하는 것이 중요하다. 기존의 고 단가의 코스요리를 중심으로 하는 전문점이 일부 성공을 거두고 있지만 일반인들이 접근하기에는 한계가 있고 성공적으로 자리를 잡기까지는 많은 시간과 자본이 투자된다.

때문에 새롭게 오리요리 전문점을 창업하려는 사람들은 고급화된 가격과 메뉴 구성보다는 대중화된 전문점에 포커스를 맞추는 것이 여러 가지 면에서 유리하다. 그리고 건강과 미용에 좋은 건강 지향적인 메뉴인 것을 내세워 판촉 전략을 수립하고 여성층과 어린이들까지 끌어들이는 가족외식형 메뉴 구성으로 고객층을 다양화하는 것이 좋다.

맛깔은 이렇게 살린다

요즘 들어서 기존의 삼겹살이나 갈빗집에서 오리요리를 취급하는 업소가 부쩍 늘고 있다. 이는 오리요리를 찾는 수요가 늘어남에 따라 기존의 시설을 이용하여 손쉽게 오리를 취급할 수 있기 때문이다. 이러한 업종일수록 자신만의 노하우와 점포의 특색을 갖추고 시작하는 것이 성공의 지름길이다. 자신만의 경쟁력을 갖추지 않고 시작했다가 장사가 좀 된다 싶으면 여기저기에서 오리를 취급하는 업소가 늘어나거나 주변에 대형업소가 생길 경우 낭패를 보는 경우가 허다하다. 이는 생고기 수요가 늘면서 너도나도 생고깃집으로 업종을 전환하여 장사가 좀 되는 듯 하여도 남는 것이 없는 요즘의 현상이 되풀이될 수 있기 때문이다.

이러한 점을 생각할 때 오리요리 전문점 창업은 다른 집에서 따라할 수 없는 독특한 소스, 맛, 그리고 전문점으로서의 차별화된 경쟁력을 가지고 시작하는 것이 장기적으로 성공할 수 있는 비결이다.

적정 상권

한국에서 가장 많은 업소와 업종을 꼽으라면 갈비와 삼겹살을 위주로 한 고깃집일 것이다. 이는 가장 많은 사람들이 즐겨 찾는 메뉴이면서 경쟁이 치열한 업종이기도 하다. 오리요리 전문점도 그 고객층과 소비성향을 같이하는 한식 업종인 만큼 이에 맞게 입지를 선정하는 것이 좋다. 외부 유입인구가 많고 먹자상권이 충실하게 형성되어 있는 상권이라면 더할나위 없이 좋겠지만, 일반적으로 갈빗집이나 삼겹살집이 밀집되어 있는 상권이라면 오리요리 전문점을 하기에 적당한 입지로 보아도 무방하다.

점포선정에 있어서는 이러한 상권 내에서 기존 고깃집이나 삼겹살집을 적당한 가격에 인수하여 창업하는 방법을 생각해 보는 것도 괜찮다. 이러한 점포선정 방법은 대체적으로 경쟁이 치열하고 업종이 비슷비슷하여 장소나 시설에 비해 권리금이 낮은 업소를 찾을 수 있기 때문이다. 점포를 인수하여 시설을 일부 개선하여 창업한다면 창업비용을 줄일 수 있는 이점이 있다.

메뉴 전략

오리요리 전문점은 식사와 술을 해결할 수 있는 기본 메뉴와 대중성을 확보하기 위한 부가 메뉴를 어떻게 구성하느냐가 중요하다.

예전의 가든형 식당에서 취급하던 보신식 개념의 메뉴 구성이나 너무 고급화된 코스요리 중심으로 메뉴를 구성하다 보면 대중성을 확보하기가 어렵다. 또한 여성들이나 어린이들이 접근하기 쉬운 메뉴나 소스 등을 개발하여 취급하는 것이 좋다.

그리고 대중화된 오리요리 전문점은 저녁에 술뿐만 아니라 점심의 식사 매출까지 충분히 고려하여 메뉴 및 가격을 결정하여야 한다.

기본 메뉴 구성

생 오리로스	오리양념구이
오리불고기	오리탕/오리전골
통 오리 바베큐	통 오리 훈제

부가 메뉴 구성

오리정식	오리보쌈
오리볶음밥	오리탕수육

인테리어 전략

요즘은 음식점도 예상을 뛰어넘는 전혀 새로운 스타일로 접근하여 성공하는 사례를 많이 볼 수 있다. 기존의 한식업소를 인수하여 시설을 일부 개·보수하여 사용할 경우에는 어쩔 수 없겠지만 완전히 새롭게 시설을 해야 할 경우에는 좀더 과감하게 인테리어를 적용해 볼 필요가 있다.

특히 여성고객과 가족의 외식까지 염두에

둔 대중화된 업소의 경우에는 더욱 그럴 필요가 있다. 기존의 한식집이나 우리가 예상할 수 있는 오리집에 대한 선입견을 뛰어넘을 수 있는 깨끗하고 단순한 일식 스타일의 분위기를 적용한다거나 양식 패밀리 레스토랑식의 분위기를 적용할 경우에는 새로운 명소로 자리잡을 수도 있다. 이때에도 멋을 부리기 위한 복잡한 인테리어보다는 깨끗이 닦고 관리하기 쉬운 재질로 인테리어를 하는 것이 중요하다.

특히 오리요리 전문점을 시설하면서 가장 신경을 기울여야 할 부분이 환기문제이다. 대중화된 오리요리 전문점을 하다 보면 로스를 취급해야 하는데 이때 연기를 어떻게 제거하느냐가 중요하다. 고깃집을 찾는 사람들의 가장 큰 불만이 환기가 안 되고 지저분한 분위기인 점을 생각하여 이것을 보완하는 데에 역점을 두어야 할 것이다.

홍보 전략

오리요리가 그 동안 일부계층에서만 즐기던 음식인 것을 생각하여, 일반인들이 저렴한 비용으로 삼겹살이나 갈비를 대체할 수 있는 외식 메뉴라는 것을 알리는 것이 중요하다.

먼저 오리요리에 대한 잘못된 선입견을 없애고 대중적인 요리라는 것을 집중적으로 홍보한다. 또한 건강과 미용에 좋은 일석이조의 외식 메뉴라는 것을 알리고 누구나가 쉽게 접할 수 있는 다양한 식사와 요리가 준비되어 있다는 것을 알리는 데 치중한다.

대단위 아파트 단지나 주택가에서 영업을 할 경우에는 어린이들에게 맞는 특별 메뉴 등을 개발하여 홍보하거나 주부들이나 어린이들에게 필요한 판촉물을 적절히 활용하는 것도 좋다.

창업비용은 얼마나 들까?

요즘은 음식점들이 점점 대형화되고 있다. 특히 갈빗집, 칼국수집, 삼겹살집처럼 음식에 특정한 노하우가 없고 경쟁이 치열한 업종일수록 대형화되는 현상은 더욱 뚜렷하다.

이러한 업종에 비해 오리요리 전문점은 자기 점포의 독특한 메뉴를 개발하고 분위기 등을 차별화한다면, 비교적 20평에서 50평 정도의 중소규모로도 창업이 가능하며 경쟁력을 유지할 수 있다.

실평수 30평 정도의 전문점을 완전히 신규로 시설하여 독립점포로 창업할 경우에 순수창업비용(임대료 제외)은 아래와 같다.

실평수 30평(좌석수 60석) 완전 신규 시설 기준

항 목	내 용	예상금액
인테리어시설	목공, 주방, 방수, 도색, 전기, 조명, 바닥, 보일러 테이블, 의자, 배식대 등 내·외장 공사	3,000만원
주방기기	냉장고, 밧트 냉장고, 조리대, 싱크대, 온수기 등 주방기기 일체	900만원
집기비품	그릇, 비품 등 일체	500만원
간 판	전면, 돌출, 입간판, 영업 표지물, 선팅 등	200만원
기 타	초기 홍보비, 초기물품 사입비 등	300만원
합 계		4,900만원

※ 기존시설을 인수하여 사용할 경우에는 비용이 대폭 절감된다.

60. 일본식 주먹밥 전문점 창업전략

지금 일본식 주먹밥 전문점은 흐름은?

맨밥에 깨소금만 양념하는 전통 주먹밥과는 달리 일본식 주먹밥에는 영양과 맛을 고려하여 김치, 계란, 참치, 불고기, 홍합 등 여러 가지 재료가 들어간다. 모양은 둥글둥글 뭉쳐서 만들지 않고 삼각주먹밥 형태로 만든다. 일본 문화 붐을 타고 성장기 단계의 업종으로 떠오르고 있는 일본식 주먹밥의 전망은 밝다.

젊은이들이 자주 이용하는 편의점에서 취급하는 먹거리가 기존에는 주로 컵라면 일색이었으나 요즘엔 일본식 주먹밥이 많은 매대를 차지하고 있고 또 잘 팔린다. 기존의 분식집도 주먹밥 메뉴를 많이 보완해 가고 있는 것을 보면 일본식 주먹밥이 성장기 업종임이 바로 확인된다. 또한 요즘 세대의 새로운 입맛에 맞는다는 점으로도 그 가능성은 충분히 짐작해 볼 수 있다. 더욱이 5-10평정도의 적은 평수로도 창업이 가능하여 소자본 창업자에게 더욱 안성맞춤인 아이템이라고 볼 수 있다.

일본식 주먹밥 전문점의 성격은 패스트푸드와 분식집이 합해진 개념으로 이해하면 좋다. 얼마 전까지 소자본 창업자들이 분식집을 많이 창업한 결과 학교 앞이나 시장통에는 한집 걸러 분식집이 있다.

메뉴도 떡볶이, 오뎅, 칼국수, 쫄면 등 흔한 메뉴들이다. 따라서 소자본으로 분식집을 창업하려면 기존의 분식집과 차별화된 주먹밥 전문점이 훨씬 유리하다. 한집 걸러 있는 기존의 분식집과는 색다른 음식점으로 보여져서 치열한 경쟁을 피할 수가 있고, 또 무엇보다 분식 고객층이 선호하는 새로운 메뉴라는 점에서 전망이 밝다.

적정 상권

첫번째는 기존의 분식집이 잘되는 젊은층 유동인구가 많은 지역이 좋다.

대학가나 중·고등학교 또는 학원가가 적당하다. 특히 주먹밥이 패스트푸드에 가깝기 때문에 신세대 대상층이 있는 상권이면서 버스 정류장, 전철역으로 흐르는 자리이면 더할나위 없이 좋은 입지이다

두번째는 사무실 밀집 지역이 좋다.

기존의 점심과는 새로운 식사 개념으로 접근이 가능하고, 무엇보다 바쁜 출근길에 아침 식사와 간식으로도 가능하므로 사무실 상권에 자리잡을 경우 회전율을 많이 높여서 매출을 올릴 수 있다.

메뉴 전략

메뉴는 주먹밥 단일메뉴만으로 구성하는 것은 한계가 있다. 메인 메뉴 주먹밥 세트는 주먹밥만을

서빙하면 안 된다. 주먹밥과 함께 국물(미소장국)과 샐러드를 세팅해서 제공해야 한다. 또한 주먹밥 관련 메뉴로 초밥과 김초밥, 유부초밥을 함께 취급하는 것이 좋다.

주먹밥 외에 기존 분식집과 차별화된 메뉴로는 우동과 스파게티류 등이 있다. 상권 상황에 따라서 라면류, 샌드위치를 추가해도 되고 우동과 주먹밥을 조합한 정식류 메뉴도 괜찮다.

홍보 전략

젊은층이 주요 고객층인 만큼 젊은 층을 끌어들일 만한 판촉활동 전략을 펼쳐야 한다. 이용횟수에 따라 포인트를 누적해서 음식을 무료로 서비스하는 마일리지 제도나 젊은층의 커뮤니케이션 장소로도 활용되도록 메모판이나 알림방을 걸어놓는 것도 한 방법이다. 또한 신세대 대상 입지의 음식점이라면 연예인 사진이나 사인을 활용한 디스플레이도 시도해 볼 만한 방법이다.

창업비용은 얼마나 들까?

적정한 점포규모는 10평정도면 가능하다. 10평에 들어가는 실제 창업비용은 2,000~2,400만원이 든다.(체인점 가맹 창업이 아닌 독립점포 창업시)

항 목	비 용
인테리어(간판 포함)	2,000만원
주방설비, 집기	1,200만원
홍보, 판촉	200만원
합계	3,400만원

초보창업자의 경우는 맛에 대한 노하우나 가게운영 경험이 없으므로 별도로 돈이 추가된다. 맛비법 전수 비용이나 체인점 가맹 비용으로 따로 5백만원 정도 추가된다. 그래서 총 약 4천만원 정도의 창업자본이 들어간다. 이 비용을 투자하여 얼마나 벌 수 있을까?

주먹밥은 낱개로 팔며 가격은 개당 1,200~1,500원, 주먹밥 정식은 3,500원 정도이다. 다른 메뉴는 3,000~4,000원에 판매하고 정식 메뉴는 4,000~5,000원에 판매한다. 평균 객단가는 3,500원 정도 선이고 재료비를 제외한 영업 이익률은 65%이다. 10평 매장에서 하루 40만원 매출이 오르면 월 400만원 정도 순수익을 얻을 수 있다.

61. 대형 갈비 전문점 창업전략

지금의 갈비 전문점의 흐름은?

흔히들 고깃집이 승부가 빠르다고 한다. 우리나라 사람들은 방석에 편하게 앉아서 배 두드리며 먹는 것을 좋아한다. 갈비류는 남녀노소 가릴 것 없이 꾸준히 즐겨 찾는 음식이다. 여기에 고기와 함께 술까지 곁들여 먹으면 한 사람당 먹는 단가가 일반 식사류보다 매우 높다. 그래서 음식점 중에서는 고깃집이 승부가 빠르다고 얘기들을 한다. 그런데 과연 이 말이 사실일까?

갈빗집은 겉보기와 달리 실속 없는 빛 좋은 개살구가 되어 버렸다. IMF 이후 너도나도 쉽게 갈빗집 창업대열에 뛰어 들었기 때문이다. 갈빗집이 많이 늘어난 배경에는 맛에 대한 노하우가 없어도 창업할 수 있도록 조리된 갈비 공급업체가 많이 늘어난 탓도 있다. 문제는 갈빗집이 많이 늘어난 데 반해 먹는 손님 수나 먹는 횟수는 오히려 줄었다는 점이다.

이렇게 됨으로써 경쟁력이 약해진 갈빗집은 손님이 적어 장사가 안 되고, 그나마 유지하거나 장사 잘 되는 집도 경쟁에서 살아남기 위해 많은 양과 낮은 가격으로 서비스하다 보니 실속이 없는 상황이 되어 버렸다. 그럼 갈빗집 영업사례를 확인해 보자. 아래는 실제로 종로 3가 먹자골목에서 장사가 그런대로 잘 된다는 25평정도 되는 중간 규모의 B갈빗집 영업 실적이다.

· 총수입 : 월매출	2,700만원
	(일 100만원 매출)
· 지　출 : 고기 재료값	1,300만원
야채, 반찬 등 재료값	250만원
인건비	550만원
관리비(수도, 가스, 전기 등)	360만원
· 지출	2,460만원
· 순수익(수입-지출)	240만원

일 평균 100만원씩 월 2,700만원 정도 판다. 여기에 고기재료값, 임대료, 인건비 등 지출을 빼고 나면 월 240만원이 순수익이다. 이 갈빗집 사장은 홀에서 직접 서빙하고 있으므로 본인의 인건비를 가져가는 격이다. 장사가 잘 된다는 집이 이렇다. 그래도 이 정도는 다행이다. 많은 갈빗집들이 본인의 인건비는 고사하고 임대료 내기에 허덕이는 집들이 많다.

갈비 체인점 광고를 보면 소비자 가격에서 식재료 원가를 뺀 영업 이익률이 55% 정도로 나와 있으나 실제는 여기에 훨씬 못 미치는 경우가 많다. 2인분 갈비를 18,000~20,000원 받는다 했을 때 여기에 공급되는 갈비 가격은 보통 10,000원 정도이다. 여기에 반찬류, 야채류 포함하면 별로 남는 게 없다. 만약 본인이 직접 조리하면 소량구매를 하게 되므로 고기의 원가가 더 먹히게 되는 상황마저 발생되기도 한다.

적정 상권

분명 갈비는 한국인이 좋아하는 영원한 음식이다. 그러나 갈빗집 장사는 실속이 없으니 어떻게 창업해야 돈도 벌고 성공할 수 있을까?

갈빗집은 규모가 클수록 좋으므로 50평~100평 정도가 되어야 좋다. 입지도 이면도로가 아닌 대로변에 주차장을 크게 갖춰 놓고서 시작하는 것이 좋다. 클수록 고기원가를 낮출 수 있고 재료효율이 높아진다. 갈빗집의 이익률이 낮으므로 식재료 원가 절감과 대규모에 따른 박리다매로 수익을 남길 수밖에 없다.

손님들도 IMF 이후 외식소비가 줄면서 한 번 먹더라도 외식은 크고 편안한 곳에서 먹자는 심리가 있어 대형 갈빗집이 선호되고 있다. 이렇게 하려면 최소 50평 정도의 대형 점포로 시작하는 것이 갈빗집 성공 비결이다. 중간 규모나 소형점포로 평범하게 창업해서는 경쟁력이 약하다.

기존에는 직장인의 회식과 접대 손님이 많아 직장인 대상 먹자골목도 괜찮았으나 최근에는 이 수요가 많이 줄었다. 따라서 대형 갈빗집으로 몰리는 층은 가족 외식손님이 많이 차지한다. 따라서 충분한 배후인구의 주택가나 5,000세대 이상의 대규모 아파트 단지를 끼고 있는 상권이 좋다.

메뉴 전략

갈빗집의 주요 메뉴로는 갈비, 불고기, 갈비탕, 생갈비 등이 기본 메뉴다. 하지만 이런 기본 메뉴로는 남는 게 별로 없다. 오히려 곁들이는 술이나 탕이나 냉면류 등의 식사 메뉴가 훨씬 이익이 남는다. 특히 냉면 같은 경우 마진률이 높아 효자 노릇을 톡톡히 하지만 4계절 내내 수요가 있는 것이 아니다. 메뉴 구성의 방법들을 살펴보자.

첫째, 전골 메뉴를 꼭 추가하자. 갈비, 한식집 메뉴 구성에 있어서 고기와 재료의 효율성을 기하기 위해서는 전골류 추가가 필수다. 전골류는 자투리 고기, 생고기로 쓸 수 없는 고기 등을 활용할 수 있기 때문이다.

둘째, 메뉴 성질상 중복된 것은 피하고 다른 메뉴끼리의 연관성을 갖추어야 한다. 예를 들어 갈비탕, 설렁탕, 육개장이 있으면 이 중 두 가지는 과감히 없애야 한다. 반대로 불고기를 판매한다면 불낙전골, 불고기, 비빔밥 등과 같이 같은 재료로 성질이 같은 여러 관련 메뉴를 개발해야 한다.

셋째, 메뉴에 있어서 같은 메뉴라도 부가가치가 높은 메뉴로 변화를 주는 것이 좋다. 즉 불고기를 취급하면 이왕이면 버섯 불고기를 취급하는 것이 좋다. 불고기 1인분에 5천원씩을 받지만 버섯 불고기는 7,000~8,000원까지 받을 수 있다. 버섯반 고기반의 버섯 불고기가 훨씬 더 마진률도 좋고 객단가도 높일 수 있어 부가가치가 훨씬 높은 메뉴다.

원가 절감 전략

■ 고기 원가를 낮춘다

갈빗집의 식재료 비중을 가장 많이 차지하는 것은 고기이다. 고기 사입시 현찰거래를 통해 고기 원가를 낮추는 것이 중요하다. 1kg당 1,000원만 낮추어도 하루 40kg을 파는, 즉 일 매출 120~150만원 올리는 갈빗집의 경우 한 사람의 하루 인건비가 바로 절감된다.

■ 인건비를 고정급과 인센티브를 병행하는 체계로 전환한다.

남는 게 별로 없는 갈빗집의 경우 남는 것 같아도 인건비 주고 나면 남는 게 없다고들 많이 얘기한다. 인건비 중 가장 큰 부담은 주방장 역할을 하는 조리실장의 인건비이다. 보통 웬만한 실력의 주방장이면 180~250만원 정도의 월급이 책정되어 있다. 하지만 이런 고정월급 대신 「기본급＋인센티브」제로 전환하는 것이 바람직하다.

예를 들면 이 주방장은 250만원을 받는 주방장이므로 250만원을 책정할 것이 아니라 기본급료 150만원이면 150만원을 책정하고 나서 예상 매출액에 따른 식재료 원가, 임대료, 관리비를 계산해서 남는 이익에 비율대로 인센티브를 추가로 주는 방법이다. 총 인건비는 총 매출액의 20%를 넘지 않는 범위에서 책정해야 어느 정도 사장의 이익이 생긴다.

이 경우 장사가 어느 정도 되면 조리실장의 급료도 더 올라가므로 기존 고정 급료보다 더 많이 받을 수 있어 좋고, 반대로 장사가 약간 부진한 경우도 사장 입장에서는 과도한 인건비 부담에서 벗어날 수 있어 좋다. 이런 인건비 책정은 예상매출액에 따른 이익과 인건비를 조리실장과 미리 합의하는 것이 중요하다.

■ 바람직한 순익구조

전체 매출액 대비 25% 정도의 순이익이 되어야 실속 있는 갈빗집 경영이라고 볼 수 있다.

※ 실속 있는 매출 · 지출 구조(%)

· 매　출 : 100%	
· 지　출 : 식재료	40%
인건비	20%
임대료, 관리비	10%
제세공과금	5%
· 지출계	75%
· 순이익(매출-지출)	25%

따라서 하루 300만원을 파는 갈빗집의 경우 월 9천만원 정도 매출을 올린다고 해보자. 이 매출 규모에 맞춰 인건비를 20%정도인 1천8백만원을 넘지 않게, 식재료는 40%인 3천6백만원을 넘지 않는 선에서 매월 관리 운영해 나가야 적정 순익을 챙길 수 있다.

부위별에 따른 용도

고기 하면 한우, 수입고기 정도로 구별한다. 좀 더 자세히 살펴보면 한우에는 암소, 황소가 있으며 암소에도 새끼를 낳지 않은 암소, 새끼를 많이 난 암소 등이 있는데, 새끼를 많이 난 소는 맛이 없고 질기다. 상태에 따라 1등급, 2등급, 3등급, 등외(오래된 소, 매년 새끼를 많이 난 소)로 도축기관에서 등급을 매긴다. 소를 잡아서 하루를 그냥 놔두면 하얗게 지방 분포도가 생기는데 그것을 보고 꽃등심이라 하며, 꽃이 잘 되어 있는가를 보고 등급을 정하게 된다.

황소도 마찬가지로 특등급, 상급, 중급으로 나눈다. 황소는 큰 수소를 말하며, 너무 큰 황소는 좋지 않고 중간 크기의 황소가 좋다. 또한 수입 소고기라고 부르지 않는 젖소가 있다. 이것을 국내산 육우라고 한다. 젖이 더 이상 안 나오는 국내산 육우는 고기도 맛이 없고 질기며 뼈도 칼슘이 빠져나와 영양소도 없다. 가락시장 같은 데서 악덕업자들이 한우라고 속여서 판다. 이런 고기들은 전문가가 아니면 잘 구별할 수 없다.

그러나 수입고기는 얼려서 오기 때문에 물이 많이 생기고 색깔이 연하다는 점을 눈여겨 살펴보면 구별이 된다. 더 정확하게는 먹어 보면 맛에서 차이가 난다. 고기를 모르고 창업을 하면 어려운 점이 많다. 수입 소고기는 부위별로 진공박스포장이 되어 완벽하게 들어온다. 뼈, 사골, 곱창, 꼬리, 우족, 등심, 스테이크, 갈비와 호텔에서 스테이크로 쓰이는 최고로 좋은 등심도 다 포장되어 들어온다. 원가가 1kg에 5,400원 정도로 아주 싸다. 이런 것을 요리만 잘 해 놓으면 좋은 음식이 될 수 있다.

이번에는 고기를 부위별로 알아보자. 고기에는 등심, 안심, 갈비, 앞다리, 뒷다리, 사태, 안창살, 갈매기살, 삼겹살, 목살, 사태 등이 있다. 소 한 마리 중 등뼈 위의 살을 등심이라고 한다. 등심 앞의 목덜미에 있는 살을 목심이라 하고 안심은 등뼈 안쪽에 있는 살이다. 갈비살은 갈비 사이에 붙어 있는 살이고 양지는 갈비 밑 배에 붙어 있는 살을 말한다. 차돌배기는 양지머리에 기름기가 하얗게 있는 곳을 말한다. 엉덩이살을 우둔이라고 하는데 이것은 국거리, 갈비탕에 썰어 넣고 목심은 불고기로, 무릎 허벅지 부위인 사태는 장조림용으로 쓴다.

돼지고기도 소고기처럼 여러 부위별로 용도가 다르다. 돼지고기의 등심은 돈까스용으로 쓰인다. 목살은 돼지 목 부위로 돼지에서 가장 맛있는 부위이다. 생고기 구이는 등심, 안심, 안창살, 갈비살, 제비추리 등 육질이 연하고 지방이 어느 정도 있는 것들을 사용한다. 양지, 사태, 갈비 등은 바로 얇게 썰어서 불고기용으로 쓴다. 돼지갈비라면 돼지갈비부위만 쓰는 것이 아니라 목살 등 다른 부위고기와 함께 써서 원가를 낮춘다. 이것은 식당을 경영하는 데 중요하다. 위와 같이 우리가 고기를 부위별로 잘 알고 활용하여 식당을 경영한다면 좋은 고기로 맛도 내고 원가도 절감할 수 있을 것이다.

창업비용은 얼마나 들까?

70평 기준으로 창업시 약 1억7천만원 정도 순수 창업비용이 들어간다.

항 목	비 용
인테리어	1억2천만원
주방시설, 비품	4천만원
홀 운영, 주문시스템	5백만원
개점행사, 홍보, 판촉물	5백만원
합계	1억7천만원

만약 창업자가 음식점 창업운영 노하우가 없다면 별도로 음식점 기획이나 창업컨설팅 운영지도를 받아야 하므로 추가로 컨설팅 비용이 들어간다.

차별화 전략

■ 건강테마를 활용한다.

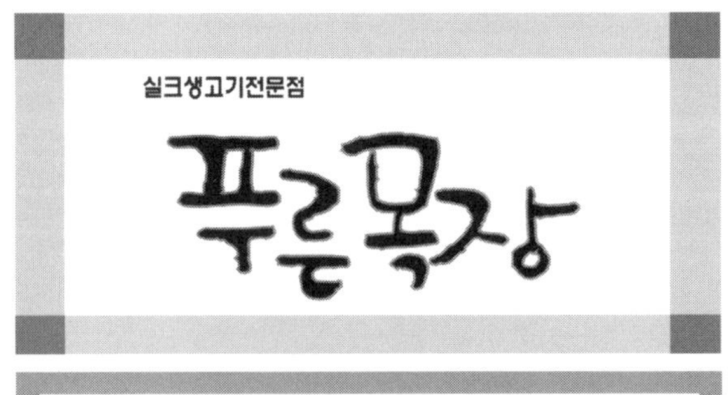

최근 들어 다이옥신 파동, 구제역 파동 등에 따른 건강에 대한 관심이 더욱 고조되고 있다. 이러한 건강 붐을 겨냥한 차별화 시도의 아이디어로는 고기 요리시 몸에 좋은 지장수(황토 걸러낸 물)나 죽탄수(대나무숯으로 걸러낸 물)를 갖고 조리하는 것을 내세우든지 녹차먹인 돼지나 인삼먹인 소 등 몸에 좋은 원재료 개념을 음식점의 창업 운영 컨셉으로 잡는 방법이 있다.

이때 중요한 것은 차별화 포인트로 내세운 건강 개념을 철저히 눈에 띄게 하고 통일시켜 적용하는 것이다. 죽탄수를 사용한다면 죽탄수 만드는 것을 눈에 보이도록 하고 판촉방법으로써 죽탄수 한 병을 고객에게 제공한다. 인테리어, 판촉활동, 디스플레이 등 모든 요소에 있어서 일관되게 적용하는 것이 중요하다. 이것이 새로운 차별화 개념으로 창업할 때의 성공 포인트다.

■ 새로운 방식을 도입한다.

기존 갈빗집에 대한 손님들의 불만요인을 분석해 보면 단서가 나온다. 갈빗집의 불만 요소로는 무엇이 있을까? 2000년 4월 월간 식당에서 조사된 내용의 기사 일부를 참고해 보면 자욱한 연기와 환기가 안 된다는 불만이 가장 많고, 그 다음으로 지저분한 방석, 어수선한 분위기, 어둡고 침침

한 분위기를 꼽았다. 특히 이러한 지적은 여성층에서 높게 나타났다.

　이러한 점을 해소한 새로운 갈빗집이 나오면 특히 여성층과 어린이층도 잡을 수 있으므로 가족외식 손님을 많이 끌어들일 수 있을 것이다. 이러한 갈빗집은 환기시설의 보완을 통한 갈빗집 창업으로 해석할 수 있지만 환기시설, 서빙 시스템, 메뉴 구성, 주방시스템, 인테리어 등에 있어서도 기존의 방식이 아닌 새로운 방식으로 소비자가 원하는 요구에 맞추어 창업하는 것이 가능하다.　즉 Lady first 갈빗집이나 양식 패밀리 레스토랑 스타일의 갈빗집 등 새로운 시도가 얼마든지 가능하다.

■ 버섯 전문점으로 창업한다.

　버섯 전문점은 버섯반 고기반 형태로 버섯 고기 전문점이라고 보는 것이 정확하다. 실제는 갈비나 불고깃집 형태이지만 버섯을 풍성하게 섞어 넣는 방법을 착안함으로써 버섯 전문점으로 차별화한 것이다. 기존의 고깃집과는 다른 차별화로 고객들의 발길을 새롭게 끌어들일 수가 있다. 창업 규모는 30~50평 정도가 적당하다.

　다음 페이지의 사례는 실제 고기류, 식사류, 세트 메뉴류, 후식류 등을 고루 갖춘 버섯 전문점의 실제 메뉴판이다. 특히 눈여겨보아야 할 것으로 기존 고기 메뉴에 버섯을 추가하여 원가는 줄이고 양은 풍성하게 보이게 해서 제공한다는 것을 알 수 있다. 아울러 고깃집이 주로 어른 중심의 메뉴였는데 어린이층이 좋아할 메뉴인 버섯탕수육 등을 통해 어린이 고객층까지도 흡수한 것은 가족외식 손님을 유치할 수 있는 훌륭한 메뉴 전략이다.

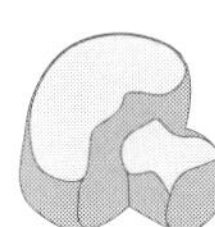

버섯 전문점 Menu

고기류

버섯 샤브샤브(국수사리 포함)	₩17,000
버섯 불고기(850 g)	₩20,000
버섯 모듬구이	₩10,000
(각종버섯과 차돌배기)	
차돌추가(150 g)	₩8,000

식사류

버섯전골	₩7,000
상추쌈 샤브샤브	₩8,000
(국수사리 포함)	
버섯 비빔밥	₩5,000
물냉면	₩4,500
비빔냉면	₩4,500

세트메뉴

버섯 모듬구이+버섯지짐+버섯전골+버섯죽	1인분 ₩18,000
버섯모듬구이+버섯 샤브샤브+상추쌈 샤브+사리와 버섯	1인분 ₩28,000

특별메뉴

버섯 탕수육(小)	₩7,000
(大)	₩12,000
버섯지짐(1접시)	₩5,000

후식

버섯 야채죽	₩2,000
국수사리	₩2,000
볶음밥(불고기)	₩2,000
냉면사리	₩2,000
물냉면, 비빔냉면	₩3,000
버섯추가(250g)	₩5,000

버섯 전문점 메뉴

62. 일본식 돈까스 전문점 창업전략

지금 돈까스 전문점의 흐름은?

원래 돈까스란 메뉴는 우리 주변에서 쉽게 접할 수 있었던 음식이었다. 1980년대 이후 경양식집이 보편화되면서 젊은 층에서는 나이프와 포크로 한껏 분위기를 잡으면서 먹던 양식 돈까스가 유행을 하였다. 요즘 유행하는 돈까스는 이런 양식 돈까스가 아니라 일식 돈까스이다.

그러면 왜 요즘에 와서 새삼스럽게 일본식 돈까스, 우동 전문점이 유망 업종으로 각광을 받고 있을까? 그것은 일본식 돈까스가 기존의 양식 돈까스와는 다르게 생고기를 사용함으로써 사람들의 고급화된 입맛에 맞추었고, 무엇보다도 돈까스와 우동이 사람들의 식사메뉴로 자리를 잡았기 때문이다.

지금은 일본식 돈까스, 우동을 즐기는 층이 두터워졌다. 새로운 형태나 입맛의 변화에 민감한 신세대뿐만 아니라 일본식 돈까스의 바삭하고 부드러운 생고기 맛과 양이 많으면서도 간편한 점에 반한 중장년층까지 폭이 넓어지고 있다. 그리고 깨끗한 분위기와 부담 없는 가격으로 주부들 층에서도 외식 메뉴로 선호하고 있다. 이와 같이 주요 고객층은 점차 확대되는 추세를 보이고 있지만, 가장 일차적인 주요 고객은 대학생을 중심으로 한 신세대층과 20~30대 직장인이다.

적정 상권

입지는 해당 점포에서 취급하는 메뉴와 주요 고객에 따라 철저하게 맞추는 것이 입지선정의 가장 바람직한 방법이다. 항상 유동인구로 붐비는 A급 상권의 노른자위 장소라면 좋겠지만 그런 장소를 얻기는 자금이나 기타 여러 가지 면에서 쉽지 않다. 그렇다면 내가 목표로 하는 주요 고객과 점포의 크기, 허용하는 자금규모를 절충하여 적정한 선에서 틈새점포를 찾는 것이 현명한 방법이다.

일본식 돈까스, 우동 전문점의 경우 1차 주요 고객이 대학생을 중심으로 한 신세대층인 점을 감안하면 대학가나 종로, 신촌, 영등포, 강남역 주변이 추천 가능한 입지이다. 이 지역에서 적당한 점포를 얻어 개업한다면 어느 정도는 입지선정에서 성공했다고 볼 수 있다. 그러나 마땅한 점포를 찾기가 힘들 뿐만 아니라 점포 임대료와 권리금도 만만치가 않다. 이러한 지역의 점포를 계약할 경우에는 임대료, 권리금, 월세 등을 고려하여 철저한 손익분기점을 계산한 후에 결정해야 한다.

다음으로 추천 가능한 입지는 사무실이 밀집되어 있는 오피스 타운이다. 이 지역은 위의 입지에 비해 상대적으로 가격이 저렴하고 적당한 틈새 점포를 잘 만 얻는다면 성공할 확률이 높다. 요즘은 일본식 돈까스, 우동을 즐기는 층이 20~30대 직장인들까지 많이 확대되어 있고, IMF 이후 사무실의 직장인 연령이 많이 낮아져서 사무실 지역도 상당히 좋은 지역으로 평가된다. 돈까스, 우동 전문점이 점심 장사가 잘 되는 점을 생각해 보아도 사무실 밀집지역은 상당히 좋은 입지이다. 기획 사무실이나 젊은 직장인이 많이 모여 있는 충무로 일대, 테헤란로 주변, 역삼동, 삼성동, 마포 등도 좋은 입지조건이다.

이런 지역의 점포는 유사업종의 밀집으로 경쟁이 너무 치열하다는 점에 유의해야 한다. 겉으로는 대형 빌딩이고 회사가 밀집되어 있는 듯하지만 외부영업이 많은 보험사, 자동차 영업소 등이 있는 경우보다는, 큰 회사와 중소규모의 사무실이 혼재해 있는 지역이 더욱 바람직하다. 그리고 돈까스가 배달이나 포장이 가능한 업종임을 감안하여 배달가능지역을 얻으면 한정된 장소에서 더 많은 매출을 올릴 수가 있다.

다음으로 고려해 볼 만한 장소는 중소형 아파트가 밀집되어 있는 지역이다. 돈까스가 어린이나 신세대들이 좋아하는 메뉴라는 점에서 소형 매장을 겸하면서 치킨, 피자를 대체하는 새로운 배달전문점의 입지로 고려해 볼 만하나 아직은 시간을 가지고 지켜보는 것이 좋다.

적정 규모

요즘은 음식점도 대형화되거나 전문화되는 현상이 뚜렷하게 나타나고 있다. 일본식 돈까스, 우동 전문점의 경우에는 대형화보다는 실평수 25평 이하의 중·소형화된 전문점으로 승부를 거는 것이 더욱 바람직하다. 유동인구가 많은 지역의 신세대를 주요 고객으로 2층에서 영업을 할 경우에는 이보다는 좀 더 넓고 편안한 분위기로 시설을 하는 것이 좋겠지만 일반적인 경우에는 소형 점포로 운영을 하는 것이 여러 가지 면에서 유리하다.

일본식 돈까스, 우동 전문점의 경우 좌석 회전율이 빠르고 포장과 배달이 가능하기 때문에 15평 이하의 소형 점포에서도 얼마든지 매출을 신장시킬 수 있다. 실제적으로 사무실이 밀집되어 있고 유동인구가 많은 지역의 15평 이하 매장에서 하루 4회전 이상 회전되고 60만원 이상의 매출을 올리는 가게도 많이 볼 수 있다.

또한 사무실이 밀집한 지역의 점포를 물색할 경우, 메뉴가 비슷하고 경쟁이 치열한 한식당을 싼 가격에 인수하여 시설을 바꾸고 나서 훨씬 많은 매출을 올리는 경우가 많다. 이와 같이 돈까스, 우동 전문점의 경우에는 실평수 10~25평정도의 중·소형 전문점이 바람직한 점포규모이다.

메뉴 전략

일반적으로 메뉴전략과 가격전략은 점포의 입지조건이나 평수, 주요 고객에 따라 달라진다. 돈까스 전문점의 경우에는 돈까스를 중심으로 우동, 카레, 메밀소바, 초밥, 덮밥, 주먹밥을 기본으로 점포의 입지조건과 크기, 주요 영업전략을 고려하여 메뉴를 구성해야 한다.

돈까스의 경우 등심까스, 안심까스, 생선까스를 기본으로 하고 신세대가 많은 지역에서는 치즈롤 까스, 코돈보로 등을 추가하기도 하는데 점포의 평수나 주요 매출 시간대 등을 고려하여 정해야 한다. 신세대가 많은 지역에서는 어느 정도 메뉴수가 다양한 것이 좋다. 메뉴수를 늘리는 것보다는 기존에 있는 메뉴를 다양하게 세팅하여 정식이나 세트 메뉴를 늘리는 것이 영업상 유리하다. 더불어 조리기구나 그릇, 재료 등이 일치하는 메뉴를 중심으로 메뉴 구성을 하면 재료관리도 편리하고 조리하기도 간편한 점이 많아서 좋다.

그러나 매장이 협소하고 고객이 한꺼번에 몰려드는 점포라면 메뉴의 조리시간이 짧고 배달 가능한 메뉴 위주로 구성하는 것도 중요하다. 홍보는 전단지나 메뉴판 등에 포장과 배달이 가능한 메뉴를 표기하는 것도 한 가지 방법이다.

가격도 점포의 입지조건과 주요 고객의 소비수준에 따라 다르게 적용하여야 한다. 같은 돈까스의 경우에도 아래에 예시된 것과 마찬가지로 사무실 지역, 신세대가 많이 몰리는 지역이나 대학가, 아파트 단지의 배달 전문점의 경우가 서로 다르게 책정되어야 한다. 그리고 주변 경쟁업소의 매장의 넓이, 인테리어 및 서비스 정도에 따라 가격결정을 해야 상대적으로 경쟁력을 유지할 수 있다. 또한 가격이나 맛, 양 등의 면에서 자신의 점포를 대표할 수 있는 메뉴를 한 가지 정도 개발하여 내세우는 것이 좋다. 특히 주변에 유사한 경쟁업소가 있을 경우에는 이 점이 꼭 필요한 경우가 많다.

일반적으로 사무실 지역이 대학가나 신세대를 상대로 영업하는 지역보다 가격이 높게 책정된다. 아파트 단지의 배달 전문점의 경우 혼자 배달시켜 먹는 경우에서부터 한 가족이 같이 먹을 수 있는 세트 메뉴까지 다양하게 메뉴를 구성하되 주변의 치킨점이나 피자 가게와 가격 비교를 하여 책정하면 좋다.

영업 전략

일반적으로 돈까스, 우동 전문점의 경우 15평 내외의 소규모 점포로 시작을 하는 경우가 많으므로, 처음부터 좌석 회전율, 배달, 포장 등을 염두에 두고 메뉴를 구성하고 영업전략을 수립하는 것이 좋다. 특히 사무실이 밀집된 곳에서 영업을 할 경우에는 음식의 조리시간이 짧고, 배달, 포장 등이 가능한 메뉴 위주로 구성하는 것이 유리하다.

점심 위주로 하는 점포에서는 오후 2시부터 6시까지는 공회전으로 돌아가는 시간(아이들 타임)이 많다. 이때에는 주변에 고등학교가 있거나 사무실의 여직원(간식)을

대상으로 가격이 저렴한 메뉴를 개발하여 매출을 올리는 방안도 적극 검토해 볼 만하다. 또한 신세대들의 유동인구가 많고 매출이 골고루 일어나는 상권의 경우에는 주먹밥, 초밥 등의 가격이 저렴한 메뉴를 한두 가지 취급함으로써 상대적인 부담을 덜어 주는 것도 한 가지 방법이다.

돈까스, 우동 전문점의 경우 저녁장사가 약한 것이 한 가지 흠이다. 저녁 시간대의 매출을 보강하기 위하여 맥주, 정종 등 간단한 주류를 취급하는 방법도 연구해 볼 만하다. 이를 위해 돈까스 모듬 튀김, 고명으로 올라가는 재료를 이용한 오뎅, 버섯나베 등을 안주로 개발하는 것도 괜찮다.

창업비용은 얼마나 들까?

(단위 : 만원)

항목	금액	비 고
인테리어 시설비	1,800	의자, 테이블 포함 일체
주방설비	450	신규 설비 일체
집기·비품 일체	300	
간판·사인물 등	250	
홍보·판촉 등	200	
기타 비용	200	
합계	3,200